幼稚園 教育要領　　保育所 保育指針　　幼保連携型 認定こども園 教育・保育要領

3法令 おたすけガイド

すぐわかる　すぐできる

はじめに

　本書は、平成30年4月施行の『幼稚園教育要領』『保育所保育指針』『幼保連携型認定こども園教育・保育要領』の改訂(定)の趣旨を分かりやすく解説したものです。幼稚園、保育所、認定こども園などで保育を実際に進める際に役立つように、そして若い保育者の方でもすぐに要点がつかめるように、イラストを活用しました。解説文もできる限り短く、意味をすぐに把握できるように書きました。文章とイラストを見比べながら、絵本感覚で読んでみてください。これ以上なく分かりやすい、そしてすぐに読める解説書を目指してつくりました。

　特に2章では、ひかりのくにの編集の力を借りながら、子どもや保育者のどういうところに『資質・能力』の考えが現れ、『幼児期の終わりまでに育ってほしい姿』は子どものどういった様子・活動なのかといったことを、絵本の読み聞かせや造形活動などの保育のよくある場面ごとに、一目で分かるように紹介しています。更に、0・1・2歳児の保育についても、その特徴を押さえながら配慮すべき内容について、場面ごとに解説しています。ぜひ参考にしていただきたいと思います。

　すぐ分かる！　明日から使える！　そして、**どこからでも読める！**　1冊です。文章も短く、本も最小限の厚さにとどめました。通読もできますが、手に取って気になるところを見るだけでも役立ちます。手元に置いて、繰り返し見直しに使ってください。

無藤　隆

もくじ

はじめに ……………………………………………………… 1

この本の特長&使い方 ……………………………… 4

序章 改訂（定）の背景とポイント

これからの社会を生きる子どもたちを育てるために
なぜ今、3法令同時改訂（定）なのか? ………………………… 6

それぞれの施設の先生へ…
今回の改訂（定）はこう捉えよう! ……………………………… 10

1章 押さえておきたいキーワード

①環境を通して行う教育・保育 ………………………………… 12

②育みたい資質・能力 ……………………………………………… 14

③幼児期の終わりまでに育ってほしい姿 ……………………… 16

④主体的・対話的で深い学び（アクティブ・ラーニング） ……… 20

⑤⑥カリキュラム・マネジメントと全体的な計画 …………… 22

要領・指針の重要キーワードまとめ図 ………………………… 25

無藤先生のミニ講座 『環境を通して行う保育』のために、これまでの保育を見直そう
①日々の保育の中の「小さな見直し」 ………………………… 26

2章 場面別で見る　子どもの学び・育ち

①保育の見方を押さえよう！ …………………………………28

②食事 ………………………………………………………30

③絵本の読み聞かせ …………………………………………32

④室内遊び ……………………………………………………34

⑤鬼ごっこなどの運動遊び …………………………………36

⑥自然物での遊び ……………………………………………38

⑦造形活動 ……………………………………………………40

⑧飼育・栽培 …………………………………………………42

⑨遠足 …………………………………………………………44

⑩プール遊び …………………………………………………46

⑪運動会 ………………………………………………………48

⑫発表会 ………………………………………………………50

⑬年中行事 ……………………………………………………52

無藤先生のミニ講座 『環境を通して行う保育』のために、これまでの保育を見直そう
②小学校以降を見据えた「長い目での見直し」 ……………… 54

3章 更に理解を深める！　キーワード

①乳児保育 ……………………………………………………56

②職員の資質向上 ……………………………………………58

③養護と教育の一体的な展開 ………………………………60

④子育て（の）支援 …………………………………………61

⑤健康及び安全　子どもの安全管理と災害への備え ………62

⑥認定こども園特有の配慮事項 ……………………………63

この本の特長&使い方

本書では、平成30年施行の
『幼稚園教育要領』『保育所保育指針』『幼保連携型認定こども園教育・保育要領』を理解し、
更に保育の現場でどう実践するかを解説しています。

要領・指針が すぐにわかる！

序章 1章 3章 では…

要領・指針の改訂(定)の背景や、特に理解しておきたいキーワード・ポイントについて、イラストと共に解説しています。

原文
要領・指針の原文から、そのテーマの部分を抜き出して掲載しているので、解説文と照らし合わせながら見ることができます。

ここを押さえよう！
現場の保育者が明日からの保育に取り入れたくなる実践的な内容になっています。

要領・指針が すぐに実践できる！

2章 では…

『資質・能力』の3つの柱と『幼児期の終わりまでに育ってほしい姿』の10項目を、場面ごとに解説しています。実際の保育に当てはめながら読み進めてください。

幼児期の終わりまでに育ってほしい姿
各場面を『幼児期の終わりまでに育ってほしい姿』に当てはめて、子どもの姿や学びを具体的に示しています。

資質・能力の3つの柱
各場面を、『資質・能力』の3つの柱で捉え、解説しています。

0・1・2歳児では
0・1・2歳児での捉え方や、実践のポイントを紹介しています。

序章
改訂(定)の背景とポイント

3法令同時改訂(定)により、3歳以上児の保育が『幼児教育』として共通のものとなりました。その背景や、改訂(定)の概要について解説します。

P.6 これからの社会を生きる子どもたちを育てるために なぜ今、3法令同時改訂(定)なのか？

P.10 それぞれの施設の先生へ…
今回の改訂(定)はこう捉えよう！

改訂(定)の背景とポイント
これからの社会を生きる子どもたちを育てるために

なぜ今、3法令同時改訂(定)なのか？

❁ 3歳以上児の保育を「幼児教育」として共通化

　日本の幼児期の子どもたちが今や、幼稚園と保育所とほぼ半々に通うようになってきました。そういったことも一因で、幼稚園教育要領と保育所保育指針と幼保連携型認定こども園教育・保育要領の特に3歳以上児の保育について、「幼児教育」として共通化を図りました。3歳未満児の保育は保育所と認定こども園で共通し、それが3歳以降の幼児教育につながり、更に幼児期以降の小学校教育の基盤となっていきます。幼稚園と保育所での教育を同等のものにしていく必要は明らかになりました。そして実際、保育所の保育の実践の質がここ数十年で向上し豊かになってきたことで、幼稚園と保育所と認定こども園を含めて、「幼児教育」として乳幼児期にふさわしい教育を実施することとなったのです。それはまた、この20年の間に、世界中で実践と研究が行なわれ、幼児期の施設での質の高い教育の大切さが明確にされたことにもよるものと言えるのです。

❁ 全ての子どもに「質の高い幼児教育」を

　日本でも、どの施設に通おうとも質の高い幼児教育を受けられる体制をつくることになりました。その中核は『環境を通して行う保育』の考え方となります。それを組織的・計画的に進めるために、全体的な計画と指導計画からなるカリキュラムに基づく保育を実施し、またそれを振り返り改善していきます。この「幼児教育」は乳児保育から始まり、年齢とともに、5つの領域からなる保育内容が重みを増していき、『幼児期の終わりまでに育ってほしい姿』を経て、小学校、更にはそれ以降の教育機関へと連続していきます。その核となるものが『資質・能力』と呼ばれる子どもの育ちの力なのです。

ここから、今回の改訂(定)で共通して知っておきたい2つのポイントを整理しておきましょう！

改訂(定)ポイント ❶
幼児教育の考え方の整理
〜小学校への接続を見据えて〜

❀ 3歳以上児の幼児教育の共通化

　幼稚園、保育所、認定こども園3つの施設類型にかかわらず、3歳以上児の保育のねらいと内容や幼児教育において育みたい『資質・能力』『幼児期の終わりまでに育ってほしい姿』などの文章が同じになり、保育が共通化されました。そしてその時期の教育が、どの施設に通うかにかかわらず、その後の小学校以上の教育と生涯を通しての成長の土台として不可欠だという認識が確立してきたのです。この3歳以上児の幼児教育としての共通化は長時間保育の部分や3歳未満児の保育により支えられ、それらと連続しています。乳児の保育から始まり、1歳児以降、5つの領域として子どもに経験してほしいことの機会を増やして、『資質・能力』を育成します。

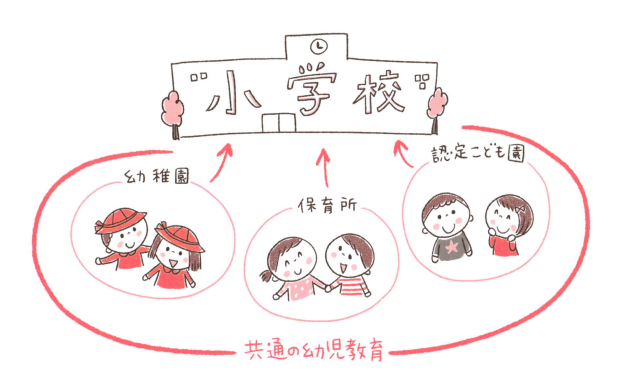

改訂(定)ポイント❶ 幼児教育の考え方の整理

❀ 幼児教育において育みたい『資質・能力』の整理 → 詳しくはP.14へ！

『資質・能力』とは乳幼児期、更に小学校以降へと育っていく子どもの力の根幹であり、特に乳幼児期ではそれにふさわしい在り方となっています。**知識及び技能の基礎**として、気付くことやできるようになること、**思考力、判断力、表現力等の基礎**として、考える・試す・工夫・表現すること、更に**学びに向かう力、人間性等**として、心が動かされ、やりたいことが生まれ、それに向けて粘り強く取り組み、人と協力していく態度を養います。これらは個々の活動において子どもが発揮できるように導くとともに、乳幼児期を通して育っていく力でもあるのです。

❀ 5領域はそのままで、『幼児期の終わりまでに育ってほしい姿』を示す → 詳しくはP.16へ！

5領域の内容等を引き続き維持します。そのうえで、『幼児期の終わりまでに育ってほしい姿』の10項目を5領域から取り出し、5歳児修了時までに育ってほしい具体的な姿を明らかにしています。これは、乳幼児期のそれぞれの時期にふさわしい指導を積み重ね、幼児期の終わりまでの育ちへとつながります。

同時に、各幼児教育機関の保育者と小学校の教員とで共有することにより、幼児教育と小学校教育との接続の一層の強化を図るようにしていきます。

改訂(定)ポイント❷
乳児期から3歳以上へのつながりを明らかに

❀ 乳児期からの保育の積み重ね → 詳しくはP.56へ!

今回の改訂(定)では、乳児保育と1歳以上3歳未満児の保育の記述を多くして、3歳以上とのつながりも明らかにしました。1歳未満の乳児に対してきめ細かい配慮をすることで、0歳児から5歳児、更には小学校へと見通しをもって保育を積み重ねていけるように、というねらいがあります。単にその都度、お世話をするだけではない、保育を積み重ねていくことが、子どものその後の成長や生活習慣の形成、社会性の獲得にも大きな影響を与えます。

❀ 0・1・2歳児の保育の質の向上のために → 詳しくはP.56へ!

待機児童問題などもあり、乳児保育の重要性はますます高まっています。小規模保育所や、近所の公園等を園庭として活用する保育所など、環境の違いも大きい中、0・1・2歳児の保育の質の向上のための細かい配慮が必要とされています。

特に近年、生涯を通じた**自己肯定感や他者への信頼感、感情を調整する力、粘り強くやり抜く力などのいわゆる「非認知的能力」を育むこと**が重要だと言われており、そのためには乳児期から人との基本的信頼感を形成することが何よりも大切とされています。

序章 改訂(定)の背景とポイント

改訂(定)の背景とポイント　幼稚園　保育所　認定こども園

それぞれの施設の先生へ…
今回の改訂(定)はこう捉えよう！

各施設の先生へ、メッセージとエールを送ります！

❀ 幼稚園の先生へ
これまでの幼児教育の蓄積をより増やしていくために

　幼稚園教育のこれまでの実績の蓄積が、保育所や認定こども園を含む幼児教育として更に展開するようになりました。その中心は、これまで幼稚園教育要領で進めてきた『環境を通して行う保育』そのもので、それを組織的・計画的に進めます。そのため、園の環境を充実させ、子どもの身近な環境への関わりとそれを通して学んでいくように指導をしていきます。その際、『資質・能力』として、気付くことやできるようになること、試し工夫すること、やりたいことを見つけ頑張ることなどを可能にしていきましょう。更に幼稚園教育は預かり保育として園によっては２歳児から、夕方の時間を含めて広がってきています。そういう時間も大事にして、幼稚園教育の精神を生かしていきましょう。

❀ 保育所の先生へ
保育の専門性を生かしつつ、幼児教育への深まりを

　保育所は「保育所保育」の専門性を確立し、組織的・計画的にその保育を進めていくことが明確にされました。そこで行なう３歳以上児の教育は幼稚園の学校教育と同等の内容をもつものとして「幼児教育」と呼ばれます。それは保育所に通う子どもたちが増えたことに加えて、保育所の実践の高まりを受けたことからです。質の高い幼児教育を日本中のどの子どもも受けられるようにしていきます。そのため、乳児から始まり、小学校へと至る乳幼児期全体の中で子どもの『資質・能力』を伸ばしていきます。保育者は保育を見直し、更に子どものためにより良い保育へと工夫や改善をしていきます。そのための視点が『幼児期の終わりまでに育ってほしい姿』です。保育を見直す際に活用しましょう。

❀ 認定こども園の先生へ
新しい形の保育を担う使命感をもって

　幼保連携型認定こども園は、１号認定の子どもを相手にする幼稚園と、２号認定・３号認定の子どもを相手にする保育所を単に並列させたものではなく、新たな「教育及び保育」として統合して進める場です。そこでは、学校教育としての教育は、長時間に及ぶ生活や乳児期からの保育の土台のうえに成り立ち、可能になっていきます。更に、保護者との連携を深め、保護者の子育ての支援に役立つ様々な活動を進めます。このように、認定こども園は、乳幼児期の子どもと家庭に必要な多くの支援を行ない、それを通して子どもの成長を確実に進める幼児教育なのです。そこには幼稚園と保育所の在り方を統合する未来型の保育が実践されていきます。その使命を受けて、子どもと家庭のために有用な活動を多岐にわたり展開していきましょう。

1章

押さえておきたいキーワード

今回の3法令改訂（定）において、特に重要とされる内容や新しく示されるようになった6つのキーワードについて解説します。

P.12 ❶ 環境を通して行う教育・保育
P.14 ❷ 育みたい資質・能力
P.16 ❸ 幼児期の終わりまでに育ってほしい姿
P.20 ❹ 主体的・対話的で深い学び（アクティブ・ラーニング）
P.22 ❺❻ カリキュラム・マネジメントと全体的な計画
P.25 要領・指針の重要キーワードまとめ図

押さえておきたいキーワード ❶

環境を通して行う教育・保育

今回の改訂(定)において、一番大切なポイントとも言えます。まずは原文から見ていきましょう。その重要性が見えてきます。

❀「環境を通して行う教育・保育」の重要性

原文

■幼稚園教育要領(第1章　第1)
　(前略)幼稚園教育は、学校教育法に規定する目的及び目標を達成するため、幼児期の特性を踏まえ、環境を通して行うものであることを基本とする。

■保育所保育指針(第1章　1(1)イ)
　保育所は、(中略)子どもの状況や発達過程を踏まえ、保育所における環境を通して、養護及び教育を一体的に行うことを特性としている。

■幼保連携型認定こども園教育・保育要領(第1章　第1-1)
　乳幼児期の教育及び保育は、(中略)乳幼児期全体を通して、その特性及び保護者や地域の実態を踏まえ、環境を通して行うものであることを基本とし、家庭や地域での生活を含めた園児の生活全体が豊かなものとなるように努めなければならない。

　幼稚園・保育所・認定こども園全てに、『環境を通して行う保育』を基本とすることが「総則」で示されています。実は、今回の改訂(定)にとって、とても重要なポイントになるのです。

　子どもは身の回りの物に出会い、やり取りすることでその特性を体で理解していくと同時に、その喜びや満足感を味わうようになります。更に一緒に関わる相手がいれば、相手に誘われ興味をもち、自ら体が動きます。楽器の鈴を例にとると、子どもが手にして、振れば音が出る、楽しくてまた振る、といったやり取りが成り立ちます。また、相手が人の場合なら、やり取りが会話へと広がり、もっと複雑な応答が生まれ、子どもはもっと関わりたくなります。

　そうしたものにはたくさんの種類があります。生きている物・生きていない物、動く物・動かない物、大きな物・小さな物…、子どもにとっては、それら全ての周りにある物や人が環境となります。

　その環境に関わる中で、自分なりの意味を見いだし、「見方・考え方」を身につけ、それが後の学びに大きくつながっていくのです。このことから「環境を通して行う教育・保育」をしっかりしていくことが大切となります。

🌸 子どもが周りの環境に関わる3つの原則

①力を使うことでおもしろくなる

　園の環境に置かれた物やそこにいる人に対して子どもが力を使って能動的に関わり、作り替え、組み立て、自分のイメージを実現しようとするやり取りが生まれてこそ、子どもにとって意味のある経験となり、学びとなります。

②失敗してもまたおもしろい

　子どもは、年上の子どもや大人のすることに憧れてまねようとしますが、どれもちゃんとは実現できません。それでも、自分の力でできるところまでやれたら、もっとやりたくなって、充実した遊びになるのです。

③その先があって、展開できる

　子どもの遊びは次々と自分の力で展開できるからおもしろいのです。自分がやった、こうなった、もっとできそうだ、次はこうしよう…と、試し、工夫する中で、少しずつイメージが形となり、学びが生まれます。

　このように、様々な人や物を用意することで子どもの探索が誘導され、遊びが生まれ、それが集中に向かい、発展していきます。そこで子どもの力が育ちます。それを刺激し導くのが他の子どもたちであり、大人の働きです。

ここを押さえよう！
多種多様な環境を！

　子どもが園で出会う物は、いわばこの世の中で初めて関わりをもつ物になります。例えば、そこで虫に出会う機会がなければ、虫嫌いのままで終わるかもしれません。

　「食わず嫌い」の子どもをなくしましょう。初めての出会いにためらうかもしれませんが、試行錯誤を重ねて、いずれ適切な関わり方があることが分かります。子どもの出会いを大切に、子どもの周りの環境に置かれる物は多種多様な物であってほしいものです。

押さえておきたいキーワード❷

育みたい資質・能力

幼児教育を通して子どもが身につけていく力として、『資質・能力』の3つの柱が示されました。
その背景と内容について見ていきます。

❀『資質・能力』って?

原文

■幼稚園教育要領(第1章　第2-1)
　幼稚園においては、生きる力の基礎を育むため、この章の第1に示す幼稚園教育の基本を踏まえ、次に掲げる資質・能力を一体的に育むよう努めるものとする。

■保育所保育指針(第1章　4(1)ア)
　保育所においては、生涯にわたる生きる力の基礎を培うため、1の(2)に示す保育の目標を踏まえ、次に掲げる資質・能力を一体的に育むよう努めるものとする。

■幼保連携型認定こども園教育・保育要領(第1章　第1-3(1))
　幼保連携型認定こども園においては、生きる力の基礎を育むため、この章の1に示す幼保連携型認定こども園の教育及び保育の基本を踏まえ、次に掲げる資質・能力を一体的に育むよう努めるものとする。

　運動遊び、ごっこ遊び、飼育・栽培など…、日々の保育でいろいろな活動をしていますが、その中で子どもの育っていく力とはどういうものか。それをまとめたものが『資質・能力』の3つの柱です。今回の改訂(定)で示されるようになりました。気付くこと・できること、試し・工夫すること、やりたいことに向けて頑張ること、などが乳幼児期の『資質・能力』の在り方です。
　『資質・能力』は乳幼児期ではプロセスとして示されており、基礎を育んでいく段階になります。例えば、「知識」というより「何かに気付く」、といった具合にです。この考え方によって、保育の中で行なわれてきたことが明確になりました。個々の活動の様子の中で『資質・能力』を発揮し、それを長期の育ちへとつなげていくことが見えやすくなります。

❀『資質・能力』が示されるようになった理由

　『資質・能力』の考え方により、目の前の子どもの活動の良さを捉え、長期にわたる育ちへとつなぐことが可能になります。それは同時に、保育の質を改善するための視点ともなります。乳児期から始まり幼児期へ、そして更に『資質・能力』は伸びていき、小学校以上の教科教育の核となります。その基盤を幼児期に育てるということは小学校教育の先取りをすることではありません。子どもが気付き、試し、工夫し、興味をもち、粘り強く取り組めるよう援助していくことなのです。

❀『資質・能力』の3つの柱

①知識及び技能の基礎

原文 豊かな体験を通じて、感じたり、気付いたり、分かったり、できるようになったりする

子どもは日々の活動で環境と出会い、いろいろな物や人の特徴に気付き、また上手に扱ったり、関わったりできるようになっていきます。気付いたり、できるようになったりすることは、多様な物事への対応を支えます。

②思考力、判断力、表現力等の基礎

原文 気付いたことや、できるようになったことなどを使い、考えたり、試したり、工夫したり、表現したりする

何かやってみたいことや作ってみたい物があると、子どもはそれを何とか実現しようとして、何度も試します。更に、少しずつできてきたところを見直し、もっと工夫するでしょう。そこに頭を使う機会があります。

③学びに向かう力、人間性等

原文 心情、意欲、態度が育つ中で、よりよい生活を営もうとする

すてきだ、すごい、不思議、おもしろそう、と子どもの心が動きます。自分もやってみたい、作ってみたいと感じます。目標に向かって何度も試して、粘り強く取り組みます。そうすることが子どもの頑張る力を育みます。

> 『資質・能力』の3つの柱が5歳児の後半になって、5つの領域の内容においてどのような姿として育ち、伸びていくか。それを示すのが『幼児期の終わりまでに育ってほしい姿』（次ページ）です。

ここを押さえよう！
『資質・能力』の3つの柱を保育の質の向上に使おう

『資質・能力』の捉え方は保育で子どもの活動の良いところを取り出し、更に良くしていくための視点です。子どもが気付くことがあるか。できるようになっていっているか。試し工夫したときがあったか。やってみたいことがあり、更に何度も試みて、実現しようとしているのか。それを日々の活動でできるようにし、機会を増やしていきましょう。経験が少しずつ積み重なり、長い目での学びと育ちがそこから生まれていきます。数か月たつと、また一段高い気付きや工夫が生まれてくることでしょう。

押さえておきたいキーワード❸

幼児期の終わりまでに育ってほしい姿

今回、幼児教育の修了時をイメージした子どもの姿として10項目（10の姿）が明確にされました。
一体どういう姿で、保育者はどんな保育を進めていけばいいのでしょうか。

❀『幼児期の終わりまでに育ってほしい姿』って？

原文

■幼稚園教育要領（第1章 第2-3）
　次に示す「幼児期の終わりまでに育ってほしい姿」は、第2章に示すねらい及び内容に基づく活動全体を通して資質・能力が育まれている幼児の幼稚園修了時の具体的な姿であり、教師が指導を行う際に考慮するものである。

■保育所保育指針（第1章　4（2））
　次に示す「幼児期の終わりまでに育ってほしい姿」は、第2章に示すねらい及び内容に基づく保育活動全体を通して資質・能力が育まれている子どもの小学校就学時の具体的な姿であり、保育士等が指導を行う際に考慮するものである。

■幼保連携型認定こども園教育・保育要領（第1章　第1-3（3））
　次に示す「幼児期の終わりまでに育ってほしい姿」は、第2章に示すねらい及び内容に基づく活動全体を通して資質・能力が育まれている園児の幼保連携型認定こども園修了時の具体的な姿であり、保育教諭等が指導を行う際に考慮するものである。

　幼児教育が教育として意味をなすには、修了時にどこまで育ってほしいかのめどをイメージする必要があります。そこで、5領域の中でとりわけ5歳児に成長が期待される内容を整理したものがこの10の姿です。各施設に関係なく、また個々の園がどのような理念をもとうとも、この10の姿を明確にすることで、幼児教育としての共通性が確保され、小学校に引き継がれることになります。

　また、小学校側からすれば、幼児教育の成果を受けて小学校教育を始めようとしても、多様な園から子どもがやって来るので、どの成果を基にすれば良いのか分かりません。幼児教育で育ってきた力の具体的な様子を10の姿として示しておけば、どの園でもそれを参照しながら指導を重ねられます。小学校では、どの子どももある程度の育ちつつある姿を獲得しているだろうと期待でき、まずはそこを伸ばすところから始めれば良いわけです。

❀ 5領域との関係

5つの領域は乳幼児期に経験してほしい事柄を整理したものです。ごく小さい時期に、運動もごっこ遊びも動植物と親しむことも絵本を読むことも絵を描くことも経験してほしいのです。週や月単位で活動のバランスを考えましょう。

また、右の図は『幼児期の終わりまでに育ってほしい姿』の10項目を、大まかに5つの領域に分類したものです。領域ごとに活動を組んで指導していくものではありません。幼児教育とは、総合的な活動を通して可能になっていくものであると捉えましょう。

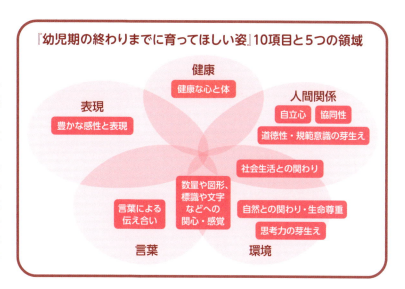

『幼児期の終わりまでに育ってほしい姿』10項目と5つの領域

砂場遊びを例に出すと、何人かが水を流して遊んでいれば、水や砂といった環境の領域との関わりがあります。言葉を用いて意思疎通をしたり（言葉の領域）、友達と協力して進めたり（人間関係の領域）、見立てが豊かになったりすれば、表現の領域ともつながります。体を一所懸命使うので、健康の領域にも当てはまります。この一つの例をとってみても、遊びが総合的であることが分かりますね。

❀ 指導の方向であり、到達目標ではありません！ ⚠注意

10の姿は、100％完成させられるものではありません。ごく小さい時期からの積み重ねの結果であり、今は途中経過であることを知っておいてください。あくまで指導の方向を示すものであり、小学校に入っても引き続き指導を重ねていってほしいものなのです。

明確な「姿」としてあったり、短い時間でテストできたりするものではありません。数か月単位で、いろいろな活動の場面を通して見えてくるものであるということを覚えておきましょう。

押さえておきたいキーワード❸
幼児期の終わりまでに育ってほしい姿

🍀『幼児期の終わりまでに育ってほしい姿』

原文

健康な心と体

幼稚園(保育所の/幼保連携型認定こども園における)生活の中で、充実感をもって自分のやりたいことに向かって心と体を十分に働かせ、見通しをもって行動し、自ら健康で安全な生活をつくり出すようになる。

自立心

身近な環境に主体的に関わり様々な活動を楽しむ中で、しなければならないことを自覚し、自分の力で行うために考えたり、工夫したりしながら、諦めずにやり遂げることで達成感を味わい、自信をもって行動するようになる。

協同性

友達と関わる中で、互いの思いや考えなどを共有し、共通の目的の実現に向けて、考えたり、工夫したり、協力したりし、充実感をもってやり遂げるようになる。

道徳性・規範意識の芽生え

友達と様々な体験を重ねる中で、してよいことや悪いことが分かり、自分の行動を振り返ったり、友達の気持ちに共感したりし、相手の立場に立って行動するようになる。また、きまりを守る必要性が分かり、自分の気持ちを調整し、友達と折り合いを付けながら、きまりをつくったり、守ったりするようになる。

社会生活との関わり

家族を大切にしようとする気持ちをもつとともに、地域の身近な人と触れ合う中で、人との様々な関わり方に気付き、相手の気持ちを考えて関わり、自分が役に立つ喜びを感じ、地域に親しみをもつようになる。また、幼稚園(保育所/幼保連携型認定こども園)内外の様々な環境に関わる中で、遊びや生活に必要な情報を取り入れ、情報に基づき判断したり、情報を伝え合ったり、活用したりするなど、情報を役立てながら活動するようになるとともに、公共の施設を大切に利用するなどして、社会とのつながりなどを意識するようになる。

思考力の芽生え

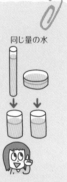

身近な事象に積極的に関わる中で、物の性質や仕組みなどを感じ取ったり、気付いたりし、考えたり、予想したり、工夫したりするなど、多様な関わりを楽しむようになる。また、友達の様々な考えに触れる中で、自分と異なる考えがあることに気付き、自ら判断したり、考え直したりするなど、新しい考えを生み出す喜びを味わいながら、自分の考えをよりよいものにするようになる。

自然との関わり・生命尊重

自然に触れて感動する体験を通して、自然の変化などを感じ取り、好奇心や探究心をもって考え言葉などで表現しながら、身近な事象への関心が高まるとともに、自然への愛情や畏敬の念をもつようになる。また、身近な動植物に心を動かされる中で、生命の不思議さや尊さに気付き、身近な動植物への接し方を考え、命あるものとしていたわり、大切にする気持ちをもって関わるようになる。

数量や図形、標識や文字などへの関心・感覚

遊びや生活の中で、数量や図形、標識や文字などに親しむ体験を重ねたり、標識や文字の役割に気付いたりし、自らの必要感に基づきこれらを活用し、興味や関心、感覚をもつようになる。

言葉による伝え合い

先生(保育士等/保育教諭等)や友達と心を通わせる中で、絵本や物語などに親しみながら、豊かな言葉や表現を身に付け、経験したことや考えたことなどを言葉で伝えたり、相手の話を注意して聞いたりし、言葉による伝え合いを楽しむようになる。

豊かな感性と表現

心を動かす出来事などに触れ感性を働かせる中で、様々な素材の特徴や表現の仕方などに気付き、感じたことや考えたことを自分で表現したり、友達同士で表現する過程を楽しんだりし、表現する喜びを味わい、意欲をもつようになる。

日々の保育での年齢に合ったポイント！

0・1・2歳児

0・1・2歳児における学びの芽生えを導く

10の姿に至る以前に、「乳児期における学びの芽生え」を導くために、まず各領域の内容・項目を見直し、0・1・2歳児でできることを洗い出し、次の月齢・年齢にどう引き継がれていくかを考えます。それぞれの時期が互いに密接につながっているので、少しずつ子ども独自の発達の道筋が見えてくるでしょう。

3歳児〜

3歳児からの保育の流れを計画に位置付ける

3歳児からの流れを、全体的な計画と年間の指導計画として検討します。10の姿を見通して、その年齢に合った内容や、発達を促す活動は何かを考えます。新たな活動を考案するというより、これまでやってきた中での学びを、「10の姿に至る芽生え」という視点で検討してみましょう。

5歳児

数週間以上のスパンで、子どもたちの様子を記録しチェックする

日々の活動の中で、10の姿がどう実現していくか気を配りましょう。評価の尺度を用いて観察してもよいですが、それで一人ひとりの姿は確定できないでしょう。数週間以上のスパンで、様々な場面での様子を記録し、10の姿に照らし合わせてチェックします。全員が十分に満たしている状況にはなかなかなりません。5歳児なりに、多少でもできているかどうかをチェックし、要点を指導要録に記しましょう。

5歳児クラスの1学期や2学期にチェックし、子どものよく伸びているところを見取ります。そのうえで、「ある姿がだいぶ難しい状況にある」と判断したなら、そこを重点的に伸ばす活動を組み、環境構成やクラスで集まる際の誘導を考慮しながら、指導計画を書いてみましょう。

押さえておきたいキーワード ❹

主体的・対話的で深い学び
（アクティブ・ラーニング）

『主体的・対話的で深い学び』とは、小学校以上の学校教育で重視されている「アクティブ・ラーニング」という学習方法のことです。幼児教育では、どのように実現できるでしょうか。

『主体的・対話的で深い学び』って？

原文

■幼稚園教育要領（第1章　第4－3（2））
　幼児が（中略）、多様な体験をし、心身の調和のとれた発達を促すようにしていくこと。その際、幼児の発達に即して主体的・対話的で深い学びが実現するようにするとともに、心を動かされる体験が次の活動を生み出すことを考慮し、（中略）幼稚園生活が充実するようにすること。

■幼保連携型認定こども園教育・保育要領（第1章　第2－2（3）ウ）
　園児が（中略）、多様な体験をし、心身の調和のとれた発達を促すようにしていくこと。その際、園児の発達に即して主体的・対話的で深い学びが実現するようにするとともに、心を動かされる体験が次の活動を生み出すことを考慮し、（中略）幼保連携型認定こども園の生活が充実するようにすること。

保育所においても3つの学びが重要

保育所は学校教育ではないので、指針では「学び」という用語を使っていません。しかし、『主体的・対話的で深い学び』を経験することは保育所でも大事なのです。

小学校教育で重視されている「アクティブ・ラーニング」を幼児教育でも！

　小学校以降では「アクティブ・ラーニング」が大事だと指摘され、それを具体的な授業改善の視点とし、『主体的・対話的で深い学び』として、広げていこうとしています。これは幼児教育でも重要な視点です。もちろん、幼児期の学びとは、子どもが身近な環境にある物や人に能動的に関わって成り立つことなので、元々アクティブ・ラーニングをやっているのです。それを視点として質の改善を図ろうというのが今回の趣旨です。

幼児教育においての『主体的・対話的で深い学び』

　幼児教育における、「**主体的な学び**」とは子どもが自ら自発的にやりたくて取り組むことであり、そこではどういうことを実現したいかの子どもなりの見通しがあります。「**対話的な学び**」とは子ども同士また子どもと保育者がやり取りをすることで活動を広げていくことであり、言葉、身振りや表情、実物を使って、保育者が仲介することが大事です。「**深い学び**」とは物事の特徴に気付き、その特徴を生かして、工夫を深めていくことを指しており、活動が次へと発展し、そこでの経験が広がり、更に深まることです。また、そういう経験を深い学びと呼びます。

3つの学びについて

主体的な学び

学びたいという意欲と意志をもって、自分たちの学びを振り返り、また今後の学びに見通しを立てて、学ぼうとし続けること。

➡ 保育の場面では…

子どもが遊びや生活でやりたいことの見通しを立てたり、工夫したことなどをみんなの前で発表したりする

深い学び

学び手が、知識と知識を関連付けて、構造化を図り、問題解決に生かしていくこと。

➡ 保育の場面では…

子どもが物事に遊びや生活を通して関わっていく在り方がその対象や活動にふさわしくなるように深めていく

対話的な学び

自分の考えを表現し、それを基に他の子どもや保育者と対話し、多面的な理解を進めること。

➡ 保育の場面では…

子どもが自分の感じたことや考えたことを言葉などに表し、保育者や子どもたちとやり取りを重ねていく

こうして見ると、3つの学びは日々の保育の実践そのものではないでしょうか。子どもが興味をもって遊びを始め、それを深めていく。最後までやり遂げようと頑張り、工夫する。子どもたちが一緒になり、話し合う。保育者がそこに加わり、考えを広げていく。『主体的・対話的で深い学び』とは子どもの遊びと生活が主体的なものとなるように、援助していくことなのです。

ここを押さえよう！

『主体的・対話的で深い学び』とは、遊びを発展させること

遊びが次の遊びへと発展して、そこでの経験が前とつながり、次にこういうことをしたいという願いとして表れてくることが3つの学びの中核です。そのために、年齢に応じて、遊びを振り返りまた見通しを立て、そこで気付いたことやできたことを次にどう広げようかと考えます。またそのことを巡って話し合います。保育者がそのようにして、遊びが持続的で質の高いものとなっていくように対象となる事柄の理解を深めていくようにします。

押さえておきたいキーワード ❺❻

カリキュラム・マネジメントと全体的な計画

今回の改訂（定）で強調されるようになった『カリキュラム・マネジメント』と、幼稚園・保育所・認定こども園で共通して使われるようになった『全体的な計画』について見ていきましょう。

『カリキュラム・マネジメント』って？

原文

■幼稚園教育要領（第1章　第3－1）

（前略）全体的な計画にも留意しながら、「幼児期の終わりまでに育ってほしい姿」を踏まえ教育課程を編成すること、教育課程の実施状況を評価してその改善を図っていくこと、教育課程の実施に必要な人的又は物的な体制を確保するとともにその改善を図っていくことなどを通して、教育課程に基づき組織的かつ計画的に各幼稚園の教育活動の質の向上を図っていくこと（以下「カリキュラム・マネジメント」という。）に努めるものとする。

■幼保連携型認定こども園教育・保育要領（第1章　第2－1（1））

（前略）「幼児期の終わりまでに育ってほしい姿」を踏まえ教育及び保育の内容並びに子育ての支援等に関する全体的な計画を作成すること、その実施状況を評価して改善を図っていくこと、また実施に必要な人的又は物的な体制を確保するとともにその改善を図っていくことなどを通して、教育及び保育の内容並びに子育ての支援等に関する全体的な計画に基づき組織的かつ計画的に各幼保連携型認定こども園の教育及び保育活動の質の向上を図っていくこと（以下「カリキュラム・マネジメント」という。）に努めるものとする。

> **保育指針に記述がないのは…**
>
> 保育所は学校ではないため「カリキュラム」という用語を使いません。しかし、保育の改善は『全体的な計画』と『指導計画』、実際の保育活動とを照らし合わせて行なっていきます。

カリキュラムとは、『全体的な計画』と『指導計画』のことです。『全体的な計画』はねらいを整理したものであり、『指導計画』はそのねらいを実現するために子どもの状況に合わせて、実際に行なう活動を計画することです。『指導計画』では特に子どもの活動の展開に合わせて柔軟に指導の中身を変えながら、同時に『全体的な計画』でのねらいにつなげて、子どもの活動の発展を援助します。『カリキュラム・マネジメント』とは、全体の見直しを行なうという意義があります。そもそも、そういう計画で良いのか、ねらいはそれで十分か、他にやれることはないか、環境設定はこのままで良いだろうか、年間計画を見直してもっと良い保育を実現できないか、それは今の園の人員や設備や予算で実行可能だろうか、そのための工夫はどうすれば良いのか、それは子どもの実態に見合っているだろうか…。これらの見直しを『カリキュラム・マネジメント』と呼びます。

🌸 全ての教職員が協力しながら

園長を中心としつつ、クラスを越えて園全体で取り組めるよう、組織や運営についても見直しましょう。そのためには、全ての教職員がその必要性を理解し日々の保育について『全体的な計画』（これまでの教育課程・保育課程など）での位置付けを意識しながら取り組む必要があります。また、要領・指針などを読み取りながら、子どもたちや地域の実情などと指導内容を照らし合わせ、効果的な年間指導計画などの在り方について、園内研修などを通じて共通理解を深めていきます。

🌸 『カリキュラム・マネジメント』のポイント

①教育目標の設定

修了時の姿などを想定しながら、園として目指している教育の姿を『全体的な計画』で示します。それで抜けているところはないでしょうか。乳児期から就学前まで連続したものとなっているでしょうか。そのようなことを見通しながら考えていきます。

②PDCAサイクルの確立

教育内容の質の向上に向けて、子どもたちの姿や地域の現状等に関する調査や各種データ等に基づき、教育課程を編成し、実施し、評価して改善を図る一連のPDCAサイクルを確立します。

〈PDCAサイクル イメージ図〉

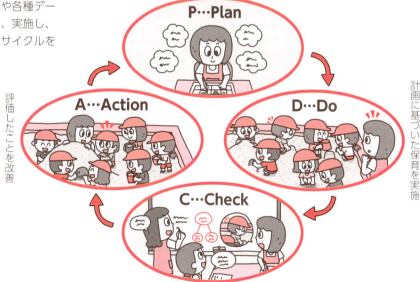

③外部資源等の活用

予算と人員と設備はそう大きくは変わりませんが、その拡充の際、保護者や外部の専門家やボランティアなどといった外部資源を活用して、保育を充実したものにしていきます。

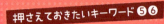

押さえておきたいキーワード❺❻
カリキュラム・マネジメントと全体的な計画

❀『全体的な計画』って?

■幼稚園教育要領(第1章 第3-6)
（前略）教育課程を中心に、第3章に示す教育課程に係る教育時間の終了後等に行う教育活動の計画、学校保健計画、学校安全計画などとを関連させ、一体的に教育活動が展開されるよう全体的な計画を作成するものとする。

■保育所保育指針(第1章 3(1)ア)
（前略）子どもの発達過程を踏まえて、保育の内容が組織的・計画的に構成され、保育所の生活の全体を通して、総合的に展開されるよう、全体的な計画を作成しなければならない。

■幼保連携型認定こども園教育・保育要領(第1章 第2-1(1))
（前略）教育と保育を一体的に提供するため、創意工夫を生かし、園児の心身の発達と幼保連携型認定こども園、家庭及び地域の実態に即応した適切な教育及び保育の内容並びに子育ての支援等に関する全体的な計画を作成するものとする。

『全体的な計画』とは認定こども園に合わせた用語であり、保育所では従来の「保育課程」のことを指し、幼稚園では「教育課程」や「預かり保育の計画」などを含めています。幼児教育の共通化に伴い、用語を統一しました。いずれも園としてのねらいを年齢ごとに記して、具体的な指導計画を通して実現していく子どもの育ちを明示するためのものです。園の理念と乳幼児期の発達の特徴、要領・指針の考え方などから作成します。

❀『全体的な計画』作成ポイント

『全体的な計画』の作成は園長と主任などが中心になるにしても、全職員が参加して、園の理念や要領・指針の考え方と共に、園の実態を反映させていく必要があります。実行可能な理想でなければなりません。そこで、『全体的な計画』で示したことが年間計画や月案などを経て、週案や実際の保育にどうつながるかを検討して修正を加えます。

『全体的な計画』は実現に向けた理念を示す

　日々の保育自体は週案や日案に基づく活動により進められ、子どもの様子に応じて随時、変更していくことでしょう。時に思い掛けず、おもしろいことや意義深そうなことを子どもが始めたら、それを拾い上げていきます。それを『全体的な計画』に示したことに関連付けていきましょう。子どもがすることはどこかで成長につながるはずであり、『全体的な計画』にあるねらいと連動しているはずです。新たな活動を始めるにあたっては再度計画を見直し、その活動の望まれる方向を確かめましょう。

要領・指針の 重要キーワードまとめ図

※1章で解説した重要キーワードを図にしてまとめました。

主体的・対話的で深い学びから見ると…

カリキュラム・マネジメント／全体的な計画を通して改善

**幼児教育
環境を通して行なう教育・保育**

健康
- 健康な心と体

人間関係
- 自立心
- 協同性
- 道徳性・規範意識の芽生え
- 社会生活との関わり

環境
- 自然との関わり・生命尊重
- 思考力の芽生え
- 数量や図形、標識や文字などへの関心・感覚

言葉
- 言葉による伝え合い

表現
- 豊かな感性と表現

中央：ねらい・内容

- 知識及び技能の基礎
- 学びに向かう力、人間性等
- 思考力、判断力、表現力等の基礎

小学校以上
- 知識及び技能
- 思考力、判断力、表現力等
- 学びに向かう力、人間性等

無藤先生のミニ講座

『環境を通して行う保育』のために、これまでの保育を見直そう

今回の改訂（定）での一番の特徴はなんでしょうか？　それは、『環境を通して行う保育』です。では、その『環境を通して行う保育』をしっかり実現するために何が必要か分かりますか？　それは、「保育の見直し」です。

保育の見直しには、①日々の保育の中の「小さな見直し」　②小学校以降を見据えた「長い目での見直し」があります。ここでは①「小さな見直し」についてお話しします。

❶日々の保育の中の「小さな見直し」

まずは、これまでの保育の活動を、一番広く捉えられる『資質・能力』の3つの柱で見直しましょう。

『資質・能力』の3つの柱は難しい言葉で定義されていますが、それぞれ簡単に言い換えると…

知識及び技能の基礎 ……「できる」「気付く」こと
思考力・判断力・表現力等の基礎 ……「工夫する」こと
学びに向かう力、人間性等 ……「頑張る」こと

ということになります。

例えば、製作のシーンを思い出してみましょう。表現を工夫していたかな？　工夫する姿はあったけれど、「気付き」はあまりなかったかな？　「気付き」を増やすにはどうしたらいいかな？　と、次の保育の手立てを考えていきます。

今のやり方が悪くなくても、別のやり方もあり得るのでそれも考えてみます。そうやって、一つの活動に常に2つ3つのやり方をもっていれば、実際の保育の活動で選択肢が増えるのです。保育の見直しを考えることは、保育者自身の『資質・能力』の向上につながります。簡単に言えば、子どもといろいろな関わりができるようになる、ということです。子どもと接するときに、幾つものやり方がすぐに出てきたり、その関わりがどうであったかを見直せたりします。それが総じて「保育を上手にやる」ということにつながるのです。

保育というのは、一種の「センス」です。センスのいい人はなんだってできてしまいます。センスが普通の人でも、先ほど述べたような『資質・能力』に沿って子どもと接するときの選択肢を増やすことで、「保育を上手にやる」ことができるのです。

『資質・能力』は、子どもたちがどのように学びつつあるか、育ちつつあるかの視点です。活動の中で、「できる・気付く」「工夫する」「頑張る」の要素が出てきているか。または出てくるように保育者側がうまく刺激を与えているか。教材をそろえているか、言葉を掛けているか、子どものやっていることをうまく探り出せているか…そういったことを考え、見直しながら保育の選択肢を増やしていきましょう。

②小学校以降を見据えた「長い目での見直し」については P.54でお話しします。

2章

場面別で見る子どもの学び・育ち

保育の具体的な場面を、『資質・能力』の3つの柱と『幼児期の終わりまでに育ってほしい姿』10項目から捉えていきます。指導計画の立案や保育の実践の参考にしてください。

P.28 ❶ 保育の見方を押さえよう！

P.30 ❷ 食事

P.32 ❸ 絵本の読み聞かせ

P.34 ❹ 室内遊び

P.36 ❺ 鬼ごっこなどの運動遊び

P.38 ❻ 自然物での遊び

P.40 ❼ 造形活動

P.42 ❽ 飼育・栽培

P.44 ❾ 遠足

P.46 ❿ プール遊び

P.48 ⓫ 運動会

P.50 ⓬ 発表会

P.52 ⓭ 年中行事

場面別で見る 子どもの学び・育ち❶ 　資質・能力　　幼児期の終わりまでに育ってほしい姿　　0・1・2歳児

保育の見方を押さえよう！

要領・指針では、『資質・能力』や『幼児期の終わりまでに育ってほしい姿』、また乳児保育の考え方など、多くの新たなことを導入しています。それらは、言葉として理解するだけでなく、実際の保育の様子を捉え直し、より良くしてこそ意味があります。
この2章では、保育の様々な場面において、子どもの学び・育ちを見ていきます。まずは、それらの見方について一緒に考えていきましょう。
次のページからは、具体的な場面をご紹介していきます。

❀『資質・能力』の3つの柱で子どもの学び・育ちを見る!!

知識及び技能の基礎
物事のそれぞれの特徴に気付き、また特徴を生かし、できるようになることです。子どもの身の回りにある様々な人や物や出来事との出会いから学びます。

思考力、判断力、表現力等の基礎
何度も試し、実現に向けて工夫する中で、頭を使い、考えます。どうしたらうまくいくだろう、こうしたらよいのだ、という姿から考える力を伸ばしていきます。

学びに向かう力、人間性等
身の回りにあるものと関わり、驚いたり不思議に思ったり憧れたりして、心が動かされます。更にやってみたい・作ってみたいと思うことで、挑戦し粘り強く取り組んでいく力になります。

0・1・2歳児の保育について　〜育ち・学びの芽生え〜

年齢なりの興味・気付きなどを大切に
たとえ、生後間もない乳児や1・2歳児でも、自分の体や身の回りの親しい人、更に周りに置かれた物などに興味をもち、関わろうとします。そして、感じ、考えたことを言葉あるいは言葉以外の方法で表し、伝えようとします。その年齢なりに気付き・できるようになり、試し・工夫し、粘り強く取り組む姿が見られます。体、人、物それぞれの興味・関心を、5領域に則して、具体的な姿から保育を見直しましょう。

❀『幼児期の終わりまでに育ってほしい姿』で子どもの学び・育ちを見る!!

10項目をこういった視点で見ていこう!

健康な心と体
自ら判断して、自分の健康や運動について、何をしようか、どう進めようかと考え、実際に取り組む中で充実感を感じているでしょうか。

自立心
自分でやりたいことを決め、同時に園のルールとの折り合いを付けながら、工夫してやり遂げ、自信と満足感を得ているでしょうか。

協同性
友達と一緒にやりたいことが生まれ、それを具体化する中で、少しずつ互いに協力して、そこに向かって力を出し合い進めているでしょうか。

道徳性・規範意識の芽生え
相手を思いやり、その人のために行動し、更にルールを思い出し、自分と相手の折り合いを付けているでしょうか。

豊かな感性と表現
身の回りにある様々なものに心を動かされ、それを音や造形、体などで表し、その表現を味わい、楽しんでいますか。

社会生活との関わり
家族や地域の様々な人たちとふれあい、親しみを感じていますか。ふれあいの中で、情報を得て役立て、地域の生活の理解をしていますか。

言葉による伝え合い
言葉を使った活動を楽しみ、言葉で表現することに関心をもち、また他の子ども・大人と言葉で伝え合い、分かり合おうとしていますか。

数量や図形、標識や文字などへの関心・感覚
数量や図形、文字など、活動の中で出てくるものについて、その働きに関心をもち、活用していますか。

自然との関わり・生命尊重
人の思うようにならない自然の特徴に気付き、それに寄り添い、命あるものを大事にしようとしていますか。

思考力の芽生え
物には仕組みがあり、それにより動くことについて考え、また友達と対話して、新たなことに気付いているでしょうか。

ここを押さえよう!

子どもを捉え、更に伸ばせるように

　『幼児期の終わりまでに育ってほしい姿』(10の姿)は完成形ではなく、また、それ自体を達成するというものではありません。子どもの豊かで生き生きとした活動を長期間にわたって捉えてみると、子どもの育ちの様々な姿が見えてきます。それを『資質・能力』の3つの柱の中でどう現れてくるかを整理したものが10の姿です。これを基に更に『資質・能力』が発揮できるようにしていくのです。

場面別で見る 子どもの学び・育ち❷

食事

❀ 食を営む力を育てよう

　食を営む力は、食べることだけではなく、人と共に食を楽しむことや、食材が調理されて料理ができていると分かること、配膳や片付けをすることなどから育まれます。食べる楽しさはおいしいと感じ、よくかみ、味わうことから始まります。

❀『食事』で見る資質・能力の3つの柱

知識及び技能の基礎

　料理はおいしいだけでなく、元気になる源であることや、いろいろな人が栽培した物や調理した物であることに気付きます。またよくかみ、味わうことを身につけます。

学びに向かう力、人間性等

　食べることは楽しみです。どういう食材が調理され、どんな料理になるのかということに興味をもち、いろいろな食べ物のおいしさを見つけて、自ら進んで食べようとします。

思考力、判断力、表現力等の基礎

　食べることと相手としゃべることの双方を進めながら、マナーにも沿う工夫が必要です。食材を調理する工夫や栄養素の役割を考えます。

0・1・2歳児では　～育ち・学びの芽生え～

食べることを楽しみに

　ゆったりと楽しんで食べる習慣を身につける時期です。離乳食から固形食へと移るにつれて、多様な食べ物をよくかんで味わいます。味覚が広がり、様々な味に親しみます。また、保育者や友達と一緒に食べることの良さを感じ、食事という場面を大事にしながら、スプーンなどを使い、一人できちんと食べるようになっていきます。

『食事』で見る幼児期の終わりまでに育ってほしい姿

健康な心と体
食事は健康の源です。それが分かり、おいしいだけでなく、元気の源であることを理解して、しっかりとかみ、味わいます。

自立心
自分の力で食べられるように、食べ方を覚え、マナーを守ります。また、苦手な食べ物でもおいしさを見つけて食べられるようにします。

協同性
食事は誰かと一緒にとると一層楽しくなります。友達と会話をすることと、食べることを両立させます。また、調理活動をすることで協同性を育みます。

道徳性・規範意識の芽生え
食事にはマナーがあります。文化により決まった食べ方があります。例えば手づかみで食べるのではなく、スプーンや箸を使うなどです。

豊かな感性と表現
栽培や食材や調理の仕方を絵にしたり、その活動を語ったりします。また料理のおいしさや味について言葉にすることもあります。

社会生活との関わり
家庭での食事を思い起こし、園での食事と関連付けたり、その地域での食習慣や料理を取り入れたりします。産地や栄養分についての情報も聞き取り、理解します。

言葉による伝え合い
食事をしながら、その食材や料理について子ども同士で会話を楽しみ、食べることと会話することのおもしろさを味わいます。

自然との関わり・生命尊重
畑での栽培などから食材は動植物に由来しているのだと分かり、命をもらう営みだと理解し、食事のありがたさを感じます。

数量や図形、標識や文字などへの関心・感覚
数や量をかぞえたり、比較したりして、どの子どもも同じくらいの分量にするとか、たくさん食べたい子どもには増やすなどします。

思考力の芽生え
食べ物を食べて、体内に取り入れ、消化され、栄養分となる仕組みを理解します。友達と話し合い、どうなるかを一緒に考えます。

ここを押さえよう！

楽しいこと、おいしいこと

　食事は日々行なうことであり、しかも自分の体内に食べ物を取り入れることなので、おいしく味わい、スムーズに進めることが大事です。食事の場を楽しい雰囲気にして、それを通して味覚を育てます。そのうえで、マナーを身につけ、ひとりで食べられるようになり、友達とおしゃべりも楽しめるようになります。生活の楽しさをつくり出す中心でもあるのです。

> 場面別で見る 子どもの学び・育ち ❸

絵本の読み聞かせ

❀ 絵本に親しみ、豊かに広げる

　毎日のように行なわれている絵本の読み聞かせ。その大切さは言うまでもありません。子どもと保育者、また子ども同士、更に子どもと絵本との間に親しみが生まれ、絵本の内容が豊かな広がりをもつようになります。

❀ 『絵本の読み聞かせ』で見る資質・能力の3つの柱

知識及び技能の基礎

　絵本は、登場人物や物語の流れ、描き方は一つひとつ実に様々です。そこに気付き、その展開を覚えて、自分でも読んだり、説明したりできるようになります。

学びに向かう力、人間性等

　最初はよく分からないこともありますが、読んでもらいながら、次第に興味を覚え、理解が増していきます。読んでもらって良かったと思い、また自分でも読もうとします。

思考力、判断力、表現力等の基礎

　物語の流れや描いてあることのつじつまを合わせて理解しようとします。何度も読んでもらいながら、「そうか」「なるほど」と納得していきます。

0・1・2歳児では 〜育ち・学びの芽生え〜

絵本から言葉の理解へ

　乳幼児にとって、絵本は大人に読んでもらうものです。絵本への興味は0歳後半から始まります。1歳を過ぎて絵本を鑑賞できる段階になると、大人から簡単な言葉を聞いて、それを絵に当てはめて理解するようになり、絵本が好きになっていきます。そして、ゆったりと落ち着いた雰囲気の中で、大人と数人の子どもたちが一緒に過ごす時間も好きになっていきます。

🌸『絵本の読み聞かせ』で見る幼児期の終わりまでに育ってほしい姿

言葉による伝え合い
語られる言葉を子どもは絵本の情景や物語と結び付けて意味を理解します。具体的な場面から意味合いを感じ取ることで、実生活に近い言葉として得て、子どもからの言葉の発信につながります。大抵の絵本は、少し難しい言葉が含まれるものです。それらも絵本を通して何となく意味を感じ取り、身につけていきます。

豊かな感性と表現
絵本には心を動かすストーリーが描かれています。ページをめくると驚きや感動が待っています。こうした体験が豊かな感性を育てます。言葉と絵が結び付いた表現媒体だからこそできるものなのです。

自立心
読み聞かせを通して、集中する経験をします。また、読んでもらった絵本を、自分ひとりでも読もうとします。これらが自立心を育てます。絵本コーナーに、読み聞かせをした絵本や、季節の遊びに関連する図鑑などを置くと、子ども自ら本を開いて楽しむようになります。

思考力の芽生え
話の筋を理解するために、推測の努力が働きます。「なぜそうなった？」「これからどうなる？」と、わくわくしながら考えます。ページをゆっくりめくることで期待や予想が生まれ、おもしろさが増します。

協同性
時に「こうだよ」と伝え合ったり、絵本に出てきたことを後でまねたりすることが子ども同士の関係を広げ、「協同性」へと発展します。

健康な心と体
絵本にふれるとき、集中することで心のしなやかさを養います。

社会生活との関わり
登場するキャラクターを通して、社会生活との関わりを学びます。また、日本や世界で起こっている出来事を知る機会もあります。

道徳性・規範意識の芽生え
相手のことを思いやる大切さ、集団の中での振る舞い方などを、物語から学びます。

自然との関わり・生命尊重
自然環境の大切さ、生き物の暮らしなどを絵本から学びます。

数量や図形、標識や文字などへの関心・感覚
絵本に書かれてある文字や図形に関心をもつこともあるでしょう。自分で図形を描いてみたり、文字を読んでみたりすることで、関心が広がります。

ここを押さえよう！

ゆっくりと読み進めましょう

　子どもにとって絵本は、文字が読めても語彙量が不十分で、絵の内容もすぐに理解できるわけではありません。最初から簡単にはいきませんが、保育者は絵を見せながら、文字をゆっくりと読むことが大切です。子どもは目からの情報と耳からの情報を頭で結合させて理解できるようになります。更に、絵をじっくりと眺めることで楽しみも増していくでしょう。絵本の魅力をたくさん味わえるように心掛けましょう。

場面別で見る 子どもの学び・育ち ❹

室内遊び

❀ 玩具・遊具や材料、道具を用意して使えるようにしよう

室内には積み木や造形の材料、ごっこ遊びや表現活動の道具、絵本などが用意されています。それらは子どもの活動の発展に応じてすぐに使えるようにしておきます。身体運動やリズム遊びも導入すると室内遊びが豊かになります。

❀ 『室内遊び』で見る資質・能力の3つの柱

知識及び技能の基礎

それぞれの材料や道具、遊具は独自の特徴があります。それを生かして遊ぶことで、どうすればおもしろくなるかを考え、その特徴に気付いていきます。

学びに向かう力、人間性等

おもしろそうだと感じて、それを使ってやってみたくなり、試しながら、作り上げていきます。他児の作った物に刺激を受けながら、自分でも作ろうとします。

思考力、判断力、表現力等の基礎

何度も繰り返しそれらを使って遊び、生活しているうちに、こうすればもっと楽しくなる、おもしろくなると考え、工夫が生まれます。

0・1・2歳児では　～育ち・学びの芽生え～

能動的な関わりで、芽生えを引き出そう

小さいうちは特に室内が主な環境となります。そこに多様な物を用意することで子どもの遊びが誘発され、他児の遊びを見ることで憧れが生まれます。子どもの能動的な関わりを引き出すには、年齢に合った材料や道具を幾つか用意して、組み合わせて使えるようにします。作り出すことや組み立てることへの興味が芽生えます。

🌸 『室内遊び』で見る幼児期の終わりまでに育ってほしい姿

健康な心と体
室内では特に指先を使った遊びが主になります。物を使ったら元の場所にしまうなどの習慣も身につけます。

自立心
それぞれの物に興味をもち、それらを使って自分で工夫して作り出したり、遊んだりすることが自立した力を育てます。

協同性
子ども同士で協力して、一緒の遊びをしたり、役割を分担したり、相手のまねをしたり、発展させたりします。目的を共通にしてそれを目指すことも大事です。

社会生活との関わり
家庭でもできる遊びも多くあり、家庭で行なうことで園での遊びが活性化するでしょう。小学生や高齢者などとの交流から刺激を受けることも多くあります。

豊かな感性と表現
表現活動は室内活動の中心です。造形や身体表現、歌や楽器など、それらの材料や道具を置いたり、保育者が誘導したりして、子どもの工夫を引き出します。

道徳性・規範意識の芽生え
室内での遊び方のルールを守り、安全への配慮をしながら、自分のやりたいことを実現したり、友達と折り合いを付けたりして、共におもしろい活動にします。

思考力の芽生え
どうやって作るか、どうすればもっとすてきになるかなど、室内の遊びは子どもの工夫を様々に展開します。材料や道具を多種多様に用意しましょう。

言葉による伝え合い
何を作りたいか、どう工夫したいか、どこがおもしろいか、どこが発展できるかなど意見の交換を増やします。絵本や図鑑も備え付けましょう。

自然との関わり・生命尊重
室内に小動物を飼ったり、ドングリなどの植物を持ち込んだりすると、遊びや生活を豊かにできます。図鑑で調べる活動も取り入れていきましょう。

数量や図形、標識や文字などへの関心・感覚
室内には名前や歌詞など、文字環境が豊富にあります。またごっこ遊びに文字を使ったり、数を書いた紙をお金に見立てたりすることで、文字や数量の感覚が刺激されます。

ここを押さえよう！
子どもの遊びやすい環境を

室内では子ども一人でもグループでもクラスとしても活動が行なわれます。またごっこ遊びや絵本、造形、音楽リズムなど様々な活動も行ないます。物を出しやすく、また片付けやすくして、環境を多様に使えるようにしましょう。道具など安全への配慮も欠かせません。

場面別で見る 子どもの学び・育ち ❺

鬼ごっこなどの運動遊び

❀ 子どもたちが好きな集団遊び

鬼ごっこやしっぽ取り、ケイドロなどの遊びは、子どもたちが好きな集団遊びの代表格です。体を存分に動かすことにもつながります。もし、園庭が狭い場合は、どこかに場所を移してでも構いません。なるべく日々、体を動かす遊びを行なってほしいものです。

❀ 『鬼ごっこなどの運動遊び』で見る資質・能力の3つの柱

知識及び技能の基礎

鬼から逃げようとしたり、また鬼として捕まえようとしたりして、機敏かつ柔軟な体の動かし方を学び、またどうすれば逃げられるかなども考えます。

思考力、判断力、表現力等の基礎

すぐに捕まってもおもしろくない、でも、捕まえられなかったらもっと困る、などと考えます。ルールをいろいろ加えたり、変化させたりして、様々な工夫をします。

学びに向かう力、人間性等

逃げる、捕まる、交代するなどスリルあるおもしろさが詰まっていて、何度もやりたくなり、どうすれば上手にできるかと試し、取り組みます。

0・1・2歳児では　～育ち・学びの芽生え～

小さい子どもができる鬼ごっことは

0・1・2歳児には鬼ごっこのルールが難しいので、子どもが追い掛ける、大人が捕まるところから始め、少しずつルールを複雑にすることで、気付くことや工夫する余地を増やしていきます。鬼になるのは最初は怖いのですが、何度もやるうちに、鬼になるおもしろさや、逃げるスリル、時にあえて捕まる楽しさを見いだし、何度もやるようになります。運動の基本を育て、友達と一緒にする楽しさを味わい、考え、工夫する力が芽生えます。

❁ 『鬼ごっこなどの運動遊び』で見る 幼児期の終わりまでに育ってほしい姿

健康な心と体

子どもたちは体を動かす楽しさを味わいます。相手をよけたり、追い掛けたりして、機敏な動きが身につきます。

道徳性・規範意識の芽生え

ルールを守ってこそ遊びはおもしろくなりますが、ルールは遊びの中で変えたり、加えたりすることもできます。通常の鬼ごっこのルールを「高鬼」のルールに変えたり、逃げられる範囲を限定したりします。保育者が決めてもいいですし、子どもたちと一緒に考えてもいいですね。

数量や図形、標識や文字などへの関心・感覚

「最後に何人残ったら勝ちか、負けか？」など人数を意識させるルールであれば、数量の理解につながります。「陣取り鬼」を通して、図形に興味をもつ子どももいるでしょう。

思考力の芽生え

ルールの意味・意義を考えます。遊びの中で担う役割を認識することで、思考力の芽生えを引き出します。

自立心

「こういうこともできる」や「こうすればもっと楽しくなる」などアイディアを出し合います。自ら考えようとする意欲と思考の芽生えが期待できます。

社会生活との関わり

雑誌やテレビなどでスポーツの場面を見ることで、刺激を受けます。選手になったつもりで、運動遊びが盛り上がります。

> あとふたり つかまえたら かち！

> つかまえるぞー

自然との関わり・生命尊重

木がたくさん植わっている園庭や自然の多い公園などでは、木の陰に隠れたり、草むらに入ったりと、自然の特徴を生かした遊びになります。木に登ったり、草の上を滑ったりなどもできると体を動かすことにもつながります。

言葉による伝え合い

遊びの前後に、ルールを伝え合ったり、確認したりします。また、「どうすれば鬼を上手に捕まえられるかな？」「鬼に捕まらないためにはどうしたらいいだろう？」など、同じ役割の子ども同士で相談することもできます。

協同性

友達と共に遊びを生み出すことができます。一緒に遊ぶことを楽しみ、どんな役割になっても、それぞれに楽しみがあることを理解していきます。

豊かな感性と表現

みんなで「どんなところが楽しかったか」を話し合ったり、そのシーンを作品で表現したりします。感動したことを伝え合うことで感性を養い、また表現する力につなげていきます。

ここを押さえよう！

ルールをつくり替えても、おもしろい

　鬼ごっこは簡単なものから、氷鬼、高鬼、しっぽ取り、ケイドロなど集団で追い掛け逃げる複雑なものにも、様々に発展していきます。鬼ごっこを取り入れる度に、ルールを子どもに分かりやすく伝えるとともに、子どもの発案を生かして、ルールをつくり替えていきましょう。みんなが参加できて、おもしろくなるようにします。

2章

5 『鬼ごっこなどの運動遊び』で見る子どもの学び・育ち

場面別で見る 子どもの学び・育ち ❻

自然物での遊び

❀ 自然物を遊びに取り入れると楽しい

　自然に親しみ、大事にすることが大きなねらいですが、子どもにとってはまず自然物で遊ぶことから始まります。草花遊び、色水遊び、ドングリや小石を使った遊び…。更に川や野原、森での遊びを通して、四季折々の楽しさを味わいましょう。

❀ 『自然物での遊び』で見る資質・能力の3つの柱

知識及び技能の基礎
　自然物は必ずしも自分の思うようになりませんが、どれも独自の特徴をもっています。それに気付くと、特徴を生かした遊びを楽しむことができます。

学びに向かう力、人間性等
　自然物はそれぞれ独自の魅力をもっていて、触ったり、動かしてみたりしたくなります。実際にやってみると、思い掛けない現象が生まれて、挑戦意欲をかき立てられます。

思考力、判断力、表現力等の基礎
　「こうすれば、ああなる」という法則性が自然にはあります。それを発見し、どう応用すれば、イメージするおもしろい遊びになるかと工夫を重ねていきます。

0・1・2歳児では　～育ち・学びの芽生え～

戸外は発見に満ちている
　自然物は戸外にあります。子どもを連れ出すと、庭でも散歩道でも小さな自然物をたくさん見つけます。冬の木々には冬芽が出ているかもしれません。四季の変化に子どもなりに気付きます。拾ったり触ったりして遊ぶうちに、どうすればもっとおもしろくできるか考えます。年上の子どもをまねして、何度も試し、粘り強く取り組むことでしょう。

🌸 『自然物での遊び』で見る幼児期の終わりまでに育ってほしい姿

言葉による伝え合い
自然物を使って見立て遊びをする中で、言葉のやり取りが生まれます。また、子どもたち一人ひとりが「こんなくふうをしたらいいね」や「こういうあそびもできるね」などと伝え合い、一緒に考えていくことができます。

豊かな感性と表現
自然とふれあうことで感性が育ち、表現活動へと発展します。

思考力の芽生え
ドングリを転がす遊びにも、「どういう斜面で転がすとおもしろくなるか」など、考えを深めるきっかけになります。

協同性
友達と協力して自然物を集めたり、友達の遊びから学び取ったり、発見したことを教え合ったりします。

道徳性・規範意識の芽生え
道具を使うときなど、安全に配慮が必要な場面を体験します。

数量や図形、標識や文字などへの関心・感覚
自然物を使って装飾するとき、「きれいな形に並べよう」「たくさん飾ろう」など、数量・図形への関心が育ちます。

自立心
特に自然物を使った遊びでは、子どもたち自身の工夫が大いに生かされます。また、その工夫を自分の力で実現することで達成感も生まれます。

社会生活との関わり
散歩道や公園など、園の外で自然物を集めるときは、周囲の人の妨げにならないように配慮する意識が芽生えます。

自然との関わり・生命尊重
ドングリは木の実です。秋になると実がなり木から落ちることを知り、自然の営みを感じます。ドングリの中に虫を見つけたときは、命について考えるかもしれません。

健康な心と体
自然物を拾ったり、作品に取り入れたりする中で、体の柔軟性や手先の器用さを養います。

保育者が自然物に興味をもって、おもしろさを伝えよう！

　自然物は安全とは限りません。その配慮と使い方について注意をしながら、自然物のおもしろさに気付く機会を増やしましょう。園庭が狭くても、プランター栽培の植物で遊びができきますし、散歩道でドングリを拾えます。保育者自身が興味をもって、動植物や砂や土遊びのおもしろさを体験しましょう。

場面別で見る 子どもの学び・育ち ❼

造形活動

❀ 自由に思いを表現する

　造形活動は表現領域の主な活動です。感じたことや思ったことなどを、具体的な物として、色や形などで表し作っていきます。結果だけでなくそのプロセスも見えることで、プロセスを見直し、修正し、活動を発展させることができます。もちろん成果を残せる点も特徴です。作品を友達と共有することで刺激し合い、共同で大きな作品に取り組む活動につながります。

❀ 『造形活動』で見る資質・能力の3つの柱

知識及び技能の基礎

　自分が作っている物が目に見えて、その場にできていきます。もっと良くするために、その物の特徴に気付き、うまく生かして作れるようになります。

学びに向かう力、人間性等

　少しずつ試し、やり替えて、また試す、を繰り返すことで、少しずつイメージしたことが形になります。やってみたいことが現実になり、更に難しいことに挑戦します。

思考力、判断力、表現力等の基礎

　こういう物を作りたいとだんだんイメージがはっきりしてきて、更に工夫を重ねます。何度も試すことで工夫が実り、自分でも思い掛けないすてきな物が作れます。

0・1・2歳児では 〜育ち・学びの芽生え〜

自分から関わることで、おもしろいものに

　積み木を並べ積み上げることや、白い紙に線をぐるぐると描くことが造形活動の始まりです。同じ形や色にそろえたり、配置したり、見立てたりするところから造形への興味が出てきます。自分が働き掛けて、作り替えられ、もっとおもしろいものに工夫できるからです。描画や工作はそれを高度にしたものなので、粘り強く取り組めるきっかけになります。

🌸『造形活動』で見る幼児期の終わりまでに育ってほしい姿

豊かな感性と表現
表現する喜びを味わい、活動への意欲をもつことができます。また、素材の特徴や表現の仕方に気付くことで、感性が育ちます。造形は、豊かな感性を育てる活動の中心となります。

健康な心と体
手や指を器用に動かします。体の多様な動きや柔軟性には、腕・手・指の働きは極めて重要です。これらを育むうえで大事な役割を果たします。

自立心
身近な素材を用いての造形活動は、砂場遊びや積み木遊びなどとも近いでしょう。身近な環境にある物に触り、作り替え、豊かなイメージを形成する活動から、絵を描いたり粘土で工作をしたりといった典型的な造形活動、つまり自分の力で作り出す活動につながっていきます。自分がイメージする物を目指し、やり遂げていくことで、達成感を味わい、学びに向かう力が育ちます。

言葉による伝え合い
作品の意図を説明したり、共同製作を見て話し合ったりする場面が、言葉を駆使して伝える力を育てます。

数量や図形、標識や文字などへの関心・感覚
作品の形を工夫したり、きれいに作ろうとしたりすることで、関心や感覚を育てます。また、文字や記号を組み合わせた作品にも挑戦できます。

協同性
子ども同士が活動の過程や成果物を見て、互いに刺激し合います。共同製作においては、助け合ったり、教え合ったりすることで協同性を養います。

道徳性・規範意識の芽生え
他の子どもの思いに共感し、思いやる心が芽生えていきます。共同製作では完成のイメージを話し合い、それを実現するためのやり方を守ることで、規範意識が芽生えます。また、描画道具や製作用具には使い方などのルールがあり、それらを守ることを覚えます。

自然との関わり・生命尊重
ドングリを使って飾りを作るなど、自然物を生かした造形活動から、自然環境に対する意識が高まります。

社会生活との関わり
作品を家族などに見せ、喜んでもらえることで、家族とのつながりが深まります。作品展などでは、地域の人たちにも見てもらう機会があるかもしれません。美術展に行くことなども良い刺激となります。

思考力の芽生え
自分のイメージを形にするためにどうやって作るかを考えます。方法を工夫することで思考力が育ちます。

ここを押さえよう！
やり方も完成形も子どもの動きから

　造形活動は適当に始めたら、思いも掛けず、おもしろいものになりそうなことがあります。そこでイメージが具体化して、おのずと工夫を積み重ねるようになるのです。子どもの発想を大事に生かすようにして、型どおりに当てはめるのではなく、試行錯誤を許容して、じっくりと、また毎日のように取り組める場としていきましょう。

場面別で見る　子どもの学び・育ち ❽

飼育・栽培

❁ 多種多様な動植物への出会いを保障しよう

　自然の中でも命あるものへの出会いは乳幼児期にぜひ経験してほしいことです。多種多様な動物が生き、植物が育っています。人間はそれを時に食し、時に美しく思います。またその生態と特性に沿って、遊びや生活に用いることができます。

❁ 『飼育・栽培』で見る資質・能力の3つの柱

知識及び技能の基礎

　動植物はそれぞれの種類ごとに独自の特徴があります。飼育や栽培、また遊びを通して繰り返し継続的に関わる中でその特徴に気付き、生かせるようになります。

思考力、判断力、表現力等の基礎

　どうすれば飼育できるか、どのように栽培すれば花を咲かせ、実をならすことができるかを考えます。また、生態に気付き、丁寧に対応します。その過程で工夫や思案を巡らせます。

学びに向かう力、人間性等

　命あるものは人の思うようにはなりません。それにふさわしい扱い方を見つけ、寄り添い、関わっていきます。根気が必要です。

0・1・2歳児では　～育ち・学びの芽生え～

命あるものの独自の在り方に出会う

　小さい子どもでも命のあるものとないものの区別ができます。動物などは独自の動きをし、温もりがあります。それらに接し、怖い思いをせずに楽しむことが始まりです。植物などはそれを使って遊ぶことで親しみが生まれます。絵本で見るだけでなく、触れ合う経験を園でできるようにしましょう。

❀『飼育・栽培』で見る幼児期の終わりまでに育ってほしい姿

健康な心と体
動物や植物と遊び、飼育・栽培をすることで、それらとの触れ合い方が分かります。安全にも配慮します。

自立心
命あるものには自分で工夫して関わりたくなる魅力があります。根気よく丁寧に関わっていくことで、育てるのも遊ぶのも自分でできるようになります。

協同性
友達と一緒になり、保育者に援助してもらいながら飼育や栽培の活動を進めます。協力が欠かせません。思うままにやると死んだり枯れたりすることがあります。

道徳性・規範意識の芽生え
ルールを守り、やり方に沿ってこそ、飼育・栽培は成り立ちます。それは窮屈というのではなく、そうしてこそすてきな出会いがあるのだと分かります。

社会生活との関わり
飼育・栽培の仕方を家族や地域の人に教わります。栽培して調理した物を家に持ち帰ります。食事も多くの人が関わっていることを感じるようになります。

思考力の芽生え
動物や植物は機械と違いますが、その中に命と動きをつくり出す「仕組み」があることを見つけます。正しい科学を理解する前にそうした気付きがあります。

自然との関わり・生命尊重
自然と出会い、動植物という命あるものに触れることが飼育・栽培の活動です。継続して世話することで、その生態への気付きにつながります。

言葉による伝え合い
子どもたちそれぞれが出会ったおもしろさや不思議を他の子どもたちに向けて話したり、絵本などで親しみ、調べたりすることで体験と言葉が結びつきます。

豊かな感性と表現
その都度、感動した出会いを絵にしたり、様子を絵日記に表したり、一連の活動を劇にしたりして、表現活動に発展します。

数量や図形、標識や文字などへの関心・感覚
名前を付けたり、図鑑で生態を調べたりといった活動から文字への興味が生まれます。種や実を取れば、数えたり、重さを量ったりすることに関心がもてます。

ここを押さえよう！

世話したり遊んだりすることで生態に気付く

　動植物との出会いは「安全・清潔」を守るようにします。そのうえで、少しずつ子どもが自立してできるように援助します。子どものちょっとした出会いや驚きを大事にして、伝え合うようにしましょう。継続して何度も関わるようにします。生態に気付くには単に見るだけではなく、世話したり、それで遊んだりする関わりが不可欠です。

場面別で見る 子どもの学び・育ち❾

遠足

❀ 子どもの体験の幅を広げよう

遠足は年に数回、ふだんできない体験をするため、野山や海、動物園などにみんなで行くことです。子どもたちにとって、園という閉じた環境から出て自然や本物の動物、電車などの乗り物に出会う貴重な機会です。

❀ 『遠足』で見る資質・能力の3つの柱

知識及び技能の基礎

珍しい体験なので、びっくりしたり、おもしろがったりするなど、新鮮な気付きがたくさん生まれます。それを表現活動や調べ活動につなぐと、知識は更に広がります。

思考力、判断力、表現力等の基礎

本物にふれることで不思議だ、どうしてだろう、絵本やテレビと随分違う、などと感じるでしょう。本物のもつ迫力です。謎が生まれ、園に戻ってから調べたり考えたりします。

学びに向かう力、人間性等

遠足の体験は数少ないかもしれませんが、子どもはごっこ遊びや表現活動で体験を補い、想像を膨らませます。体験を見直し、何度も試して、本物に近づけます。

0・1・2歳児では ～育ち・学びの芽生え～

近くの公園へ行くだけでも遠足気分

小さい子どもにとっては、園の近くへ散歩に行くだけでも冒険であり、発見があります。近くへお弁当を持って出掛けるだけで十分に遠足です。また、動物園でゾウを見たり、小動物と遊んだり、電車やバスに乗ったりするのも楽しいことです。子どもの経験を少しずつ広げていきましょう。

❀ 『遠足』で見る幼児期の終わりまでに育ってほしい姿

健康な心と体
野山や動物に親しむきっかけとなります。自然の中で体を動かすことで活動が広がれば、その後、健康的な運動習慣が始まります。

自立心
自分で工夫して探索する経験を一度すれば、おもしろさが分かります。ふだんからそういった活動を園や家庭でするようになると、自分なりの工夫や頑張りが生まれます。

協同性
野山や動物園などで、保育者の指示で動くのではなく、子どもたちだけで活動することがあると、団結し協力する姿が見られます。

思考力の芽生え
ふだん、経験しないこととの出会いは、想像を広げるきっかけになります。絵本などについて改めて考えるヒントにもなり、認識していたことが実物へと近づきます。

自然との関わり・生命尊重
遠足で野山や海に行けば、大きな自然があることを感じます。多種多様な活動が可能になります。生命が暮らす環境の本来の在り方が分かります。

道徳性・規範意識の芽生え
戸外に出る活動、特に自然の多い環境や公共の乗り物など他の人たちが大勢いる場所ではルールを守って安全に、また人に迷惑を掛けないように行動します。

社会生活との関わり
様々な場所に出向くことで、印象的な物があり、おもしろい場所があることを知ります。多様な人に出会い、人への理解が豊かになります。

豊かな感性と表現
出会いから表現へと発展します。不思議なおもしろいものだから、描きたくなります。絵を使って説明もします。大人と違う目の付け所を伸ばします。

言葉による伝え合い
子どもたち同士で、珍しい物についてしゃべったり、見つけたことについて伝え合ったりします。絵本を見て、もっと詳しい知識を得ようとします。

数量や図形、標識や文字などへの関心・感覚
看板などを読んだり、図鑑を見たりして、文字へのふれあいが増えます。大きな物、たくさんある物への出会いが量の感覚を広げます。

安全に配慮しつつ、自立した体験を

　集団で遠くに行き、交通安全や様々な起こり得る危険に気を配り、子どもに豊かな体験ができる機会とします。安全面は全部大人が指示し管理することになりますが、子どもが自分たちでできそうなことがあれば、保育者は監督役となって見守り、子どもたちの自立した活動を助けましょう。

場面別で見る　子どもの学び・育ち❿

プール遊び

❋ 夏の保育の定番！

　プール遊びは、地域の風土、施設の状況などにより、保育の方針にもかなり違いがあるようです。安全に十分に配慮しながら、水に浸かったり、掛け合ったりして涼みます。しっかり体を動かした午後は、ゆったり過ごすことが多いようです。園によって環境は異なりますが、それぞれ工夫してみてください。

❋『プール遊び』で見る資質・能力の3つの柱

知識及び技能の基礎

　プール遊びで、水が冷たいことを感じ取ります。体が浸かることで、水の感触が分かることでしょう。水中で体が浮くことに気付くかもしれません。

学びに向かう力、人間性等

　子どもたちが工夫できる活動を広げ、それらを毎日少しずつ高めていくことで学びに向かう力が養えます。子どもたちが、意欲と意志をもって工夫できる環境を整えましょう。

思考力、判断力、表現力等の基礎

　水をパチャパチャさせるだけでなく、ゲームなど簡単なルールを導入すれば、子どもたちはどうやればよりおもしろくなるかを考え、工夫を始めます。

0・1・2歳児では　〜育ち・学びの芽生え〜

資質・能力の3つの柱

　身近な存在である水に体を浸けると、暑いときには涼しく感じることに気付きます。また、流れたり跳ねたりする水の感触は、体の感覚を豊かにすると同時に、水そのものの存在に気付けます。こうした気付きが、資質・能力につながっていきます。

1歳児のプール遊びと10の姿

　1歳代であれば、友達と楽しく遊ぶ中で簡単な決まりも守ることができます。保育者は、水中の輪くぐりや水底の石拾いなどを通して、ルールや工夫を導入できます。このような活動を通して、少しずつ10の姿に向かうようになります。

🌸『プール遊び』で見る幼児期の終わりまでに育ってほしい姿

健康な心と体
健康な体づくりについて、子ども自身に委ねる部分を徐々に増やしていきます。

自立心
ルールを守りながら工夫できるような遊びを構成します。

協同性
友達と協力するとよりおもしろくなるゲームなどを導入します。

道徳性・規範意識の芽生え
「水を掛けて友達を怖がらせるのはだめ」など、決まりを守って遊びます。自分たちでルールを考え、遊びをよりおもしろくする工夫をします。

社会生活との関わり
地域のプールや川などで遊ぶとき、そこで人との交流が生まれます。小学生や地域の大人との交流活動を行なう園もあります。

自然との関わり・生命尊重
安全面に考慮しながら、池や川、海などで水に親しむ機会を設けます。生き物との出会いも大事です。

思考力の芽生え
水流を利用して遊ぶ場合、物を流してみたり、浮き輪を使い流れに向かって泳ぐ工夫をしてみたりできます。

数量や図形、標識や文字などへの関心・感覚
物を水底から拾う遊びでは、子どもたちが数をかぞえることにもつながるでしょう。

言葉による伝え合い
水遊びにおけるルールや楽しさ、おもしろさなど、子ども同士で話し合います。

豊かな感性と表現
プール遊びの様子を絵などで表現します。

ここを押さえよう！
安全に配慮しながら水ならではの楽しさを！

　プール遊びで何より大切なのは安全への配慮と体調管理です。常に子どもの様子を見て、目を離すことのないようにします。そのうえで、冷たくて気持ち良いということにとどまらず、子どもが発見したり、工夫したりできる遊びを導入しましょう。更に、子どもたちが川や海などでの遊びへつながることに気付けるとよいでしょう。

場面別で見る 子どもの学び・育ち ⑪

運動会

❁ 日頃の努力を見てもらおう

運動会は年に一度、保育の成果と子どもの頑張りを保護者に見てもらう晴れの場です。子どもたちは集団の力を発揮し、共に励まし、支え合い、喜びを分かち合います。子どもの成長を保護者と保育者も実感し、子どもも自信を得ることでしょう。

❁ 『運動会』で見る資質・能力の3つの柱

知識及び技能の基礎

子どもたち同士の励ましや保育者の導きで今までにない力を発揮して、いろいろなことができるようになります。互いを応援する良さを見いだします。

学びに向かう力、人間性等

小さい頃から見ていた、年上の子どもたちの姿を自分たちも実現できるという期待が少しずつ形になっていきます。諦めずに試し、頑張ることで成果が得られます。

思考力、判断力、表現力等の基礎

練習の中でどうすればもっと良くできるか、他のチームに対して勝てるかなどを何度も試し工夫します。子どもたちの努力が自身の工夫から形となっていきます。

0・1・2歳児では　～育ち・学びの芽生え～

成長した姿を見てもらえるように

乳幼児だと、グループで動くことがまだ理解できず、勝敗も頑張る動機になりません。どの子どもも特別に練習をしなくても、参加でき、達成感があるようにしていきます。保護者は子どもの成長した姿が見えればうれしいものです。参加は無理強いせず、みんなが集まるお祭り気分を感じられるようにしましょう。

🌸『運動会』で見る幼児期の終わりまでに育ってほしい姿

健康な心と体
体を動かす機会であり、ふだんではやらない、全力での運動や、そのための練習を工夫する中で、充実した経験をします。

自立心
保育者の指示で動くのではなく、誘導を受けながら、自分たちが力を発揮します。また、みんなと呼吸を合わせ、粘り強く取り組みます。

協同性
グループの活動では、単に競い合うだけでなく、それぞれの分担があり、互いに協力をすることで、すばらしい活動となります。

道徳性・規範意識の芽生え
集団でのゲームは特定のやり方に従い、その中で工夫をし、頑張ります。どのように一緒にやれば良いか、やり方の話し合いをするなど、ルールをつくる活動を取り入れます。

社会生活との関わり
保護者や地域の人々が参加することで、園は社会へと開かれ、地域の行事となります。地域の祭りなどの体験を生かしたり、情報を得たりすることで競技を広げます。

自然との関わり・生命尊重
青空の下、思い切り体を動かして自然を取り込みます。また、木の実を使った競技を行なうことなどで自然とふれあいます。

思考力の芽生え
どうすれば相手のチームに勝てるだろう、練習での敗因は何だろうか。そうしたことを考え、またうまくやれるよう工夫する中で考える力が伸びていきます。

言葉による伝え合い
どう競技を進めるか、子ども同士の話し合いや、保育者によるヒントや誘導が行なわれ、練習を進めます。互いの意見を聞き取り、意見を主張する場をつくります。

豊かな感性と表現
運動で競うだけでなく、ダンスなども楽しい活動です。旗や飾りを作ることもあるでしょう。運動会は表現活動を行ない、見せる場でもあります。

数量や図形、標識や文字などへの関心・感覚
玉入れでは勝敗を玉の数・量で競います。走る競技では、どちらが速いかを比べます。クラスの旗を描くことが、絵や文字に親しむきっかけになります。

ここを押さえよう！

子どもの自主活動を広げよう！

　運動会は保育者が全部を仕切り、練習でも指示を重ね、保育者の思うとおりのことをさせる場ではありません。集団として動き、保護者の前で見せるためには、保育者の誘導は欠かせませんが、子どもの成長の場として、子どもの考えや思い、工夫が発揮されるようにします。練習や本番が子どもの生活と遊びを豊かにするきっかけとしましょう。

場面別で見る　子どもの学び・育ち ⓬

発表会

❀ 子どもの思いを生かして

　日頃の保育の成果を見せる場として行なうことが多い「生活発表会」では、子どもたち自身の思いを生かし、工夫を促すことが大切です。そうすることで、子どもたちにとっても楽しい活動となり、学びにもつながります。保育者がせりふや演技の仕方を勝手に決め、小道具も大道具も全て用意するのではなく、それぞれの年齢に応じて、環境を通した保育を意識しながら、子どもたちの資質・能力を育成する方法を考えていきましょう。

❀ 『発表会』で見る資質・能力の3つの柱

知識及び技能の基礎

　発表の場を予想しながら、どうやっていこうかと子ども自身が考えます。そこで、こうすれば良いという気付きが生まれ、実際にやっていけるようになります。

学びに向かう力、人間性等

　子どもの思いや大人の期待が高過ぎると、なかなかそこには到達できないことがあります。時には嫌になるのを互いに励まし合い、少しずつ進める中で粘り強く進めていく力を養います。

思考力、判断力、表現力等の基礎

　発表に向けてどうすればもっと良くできるかについて練習を進めながら、考え、工夫します。そこでのアイディアを組み入れることもできます。

0・1・2歳児では　～育ち・学びの芽生え～

絵本やふだんの遊びから劇遊びへ

　低年齢児の場合は、何日にもわたって劇をつくり上げるのは難しいですね。例えば、絵本の読み聞かせを行ない、その場で再現して演じる方法もおすすめです。また、子どもたちの間でしぜんに出てきた"ごっこ遊び"を、もう一度保育者も交えて遊ぶことが、劇遊びの芽生えにつながります。

🌸『発表会』で見る幼児期の終わりまでに育ってほしい姿

健康な心と体
劇遊びでは、感情を表したり、体を大きく動かしたりします。劇中では、ストーリーを把握することで見通しをもって行動し、また自分の目標に向かって表現します。はつらつとした心や体の細部の動きを育てます。

自立心
活動の中で自分の役割を自覚し、工夫を重ねることで、最後までやり遂げようという心が育ちます。

協同性
劇遊びは、子ども同士で活動し、共に一つのものをつくり上げる良い機会です。互いに目標に向けて話し合い、工夫を重ねる経験をします。

豊かな感性と表現
総合的な表現活動である劇遊びを通して、豊かな感性を表現することを学びます。

言葉による伝え合い
せりふを交わすことでコミュニケーションが成立することはもちろん、練習中に子ども同士で話し合いを繰り返すことで、言葉をやり取りする力が身につきます。

数量や図形、標識や文字などへの関心・感覚
様々な形や文字などを使い、小道具や大道具を作る中で、それらへの関心が育っていきます。

道徳性・規範意識の芽生え
相手の役柄を理解することで、それぞれにせりふや行動があることを把握します。相手の演技を尊重しつつ、話し合いを重ね、時には互いに折り合いを付けることを覚えます。

社会生活との関わり
劇の中に現実の社会や仮想の社会の在り方が反映され、その理解が促されます。

自然との関わり・生命尊重
自然が舞台となる劇遊びを通して、そのすばらしさや多様性を体感することができます。

思考力の芽生え
「どうすればおもしろい劇になるか？」や「見る人に分かりやすく伝えるには、どうすれば良いか？」などを考えるようになります。

ここを押さえよう！
子どもたち自身でつくり上げていけるように

　劇遊びを学びにつなげるためには、「どのような劇にしたいか」や「どんなせりふや動きをすると良いか」などを、子どもたち自身が考えることが大切です。いきなりは難しいので、練習を重ねる中で、段階を追って機会を設けると良いでしょう。小道具や大道具作りもそれぞれが分担して行なうことで、演劇への思い入れは強くなり、おもしろいと感じるはずです。また、練習の途中で第三者の意見を聞く機会を設けると、他者の視点を意識して工夫できるようになり、より高度な活動が実現できるでしょう。

場面別で見る 子どもの学び・育ち ⑬

年中行事

❀ 四季折々の感性を育てましょう

日本には伝統的な行事が幾つもあり、季節の変化に合わせてお祝い事が決まっています。正月、節分、ひな祭り（桃の節句）、子どもの日（端午の節句）、七夕など、園でも関連する活動をします。行事の意義を感じられるような会にしましょう。

❀ 『年中行事』で見る資質・能力の3つの柱

知識及び技能の基礎

絵本を読むなどして行事の意義を理解し、またそのための道具を作る機会になります。グループ活動をする中で、新たな遊び方を覚えます。

学びに向かう力、人間性等

ササ飾りの短冊や飾りなどたくさんの数を丁寧に作ります。行事ではあっても、子どもが作ってみたい・やってみたいことに取り組むようにしていきましょう。

思考力、判断力、表現力等の基礎

活動の仕方を子どもなりに絵本を参考にしながら、劇として再現したり、意義にふさわしいことは何かなどを考え、工夫しながらお面や飾りを作ったりします。

0・1・2歳児では　〜育ち・学びの芽生え〜

印象に残る経験を

0・1・2歳児には行事の意義を理解するのは難しいでしょう。おもしろそうな行事に共に参加して、いつもと違うことをして楽しかったとか、お菓子などを食べられたなど、印象に残れば良いのです。季節ごとの区切りとして、毎年経験しているうちに、みんながちゃんと取り組んでいる様子を見て、大事なことだと分かっていくでしょう。

🌸 『年中行事』で見る幼児期の終わりまでに育ってほしい姿

健康な心と体
寒い日、暑い日を楽しみ、健康で過ごそうという意味が多くの年中行事にはあります。元気良く過ごそうという意味を大事にします。

自立心
自分でもできることを探して、行事に参加します。みんなでやることが決まっていても、そこに自分のやりたいことを入れ込む工夫をします。

協同性
クラスや園の行事として、みんなで協力して一つのことを成し遂げます。いろいろな役目を担い、行事を盛り上げ、楽しみます。

道徳性・規範意識の芽生え
行事には、決まったやり方があります。七夕ならササ飾りを飾ります。そうした伝統を守りながら、それぞれの思いを大事にして、行なっていきます。

社会生活との関わり
年中行事の多くは家庭や地域でもしています。それらを目にしたり体験したりして、園の行事とつなげながら、その意義を深く感じ取ります。

思考力の芽生え
子どもたちの願いを盛り込めるように保育者と共に考えて試します。行事としての楽しさやその意義を大事にしつつ、子どものものとしていきます。

自然との関わり・生命尊重
暑さ寒さや、桃やしょうぶ、星空や月など年中行事は季節の大自然や植物との関わりが豊かにあります。その意味を学びながら、体験する機会を用意します。

豊かな感性と表現
飾りを作るなどの造形活動や歌をうたうなどの音楽活動があります。行事ごとの衣装や歌に親しみます。ふだんの遊びにも広がり、表現活動を多様にします。

言葉による伝え合い
絵本などから行事の意義を学び、意義ややり方を巡って話し合います。こうすると楽しくなるという子どものアイディアを生かし、話し合う活動につなげます。

数量や図形、標識や文字などへの関心・感覚
絵本を読む、短冊などに文字を記すなどの活動が生まれます。またたくさんの短冊を書く活動などを通して量への感覚を養います。

ここを押さえよう！
行事の季節感と意義を理解しながら、子どもの工夫を取り入れる

人工の環境では季節感が薄くなります。季節ごとの天候や自然の風土を感じる機会を増やしましょう。そうすると、年中行事の意義にも実感が湧いてきます。おじいちゃんやおばあちゃん、保護者にも参加してもらい、伝統行事の大切さを分かるようにしていきます。すぐには意義が分からなくても、経験を重ねて理解が増していくのです。

無藤先生のミニ講座

『環境を通して行う保育』のために、これまでの保育を見直そう

今回の改訂（定）の一番のポイントとなる『環境を通して行う保育』。それを実現するためには「保育の見直し」が必要です。この保育の見直しには、①日々の保育の中の「小さな見直し」 ②小学校以降を見据えた「長い目での見直し」があり、そのうちの①についてはP.26でお話ししました。ここでは②「長い目での見直し」についてお話しします。

❷ 小学校以降を見据えた「長い目での見直し」

新しい要領・指針に基づいて、日々の保育の中の見直しをするうえでは『資質・能力』の視点から見直すことが大切だということを①ではお話ししました。

ここでお話しする「長い目での見直し」は、0歳から5歳までを見通して、子どもたちの育ちの連続性を考えていくことです。2歳で伸びてきている力が3歳でどう発展しているのか、3歳の力が4歳ではどう発展しているのかを見ていきます。大切なのは、できる限り肯定的に見ていくこと。ある2歳児を見たときに、「こういうことも結構できているし、こんな力も持っているよね」や、「じゃあ、3歳になったら、もっとできるようになるかも」という具合に、活動のレベルの上がり方を言語化して考えるといいと思います。

その際に手掛かりとなるのは、『幼児期の終わりまでに育ってほしい姿』10項目です。ただ、これは5歳児後半における姿なので、さすがに2歳児や3歳児では10項目で見るのは難しいですよね。そういう場合は、幾つかの具体的な姿を取り出しながら見るようにして、それが発展していくような保育を考えましょう。

子どもの活動を長い目で見直すときに大切なのが、年間指導計画と全体的な計画のつながりを意識することです。全体的な計画とは、「活動を通して何が育つか」を問うものです。園では年間で様々な行事がありますが、それらに追われるのではなく、「この活動を通して、子どもの中で育つものは何か？」を常に考えること。活動を経て気付いた子どもの変化や育ちを保育者間で評価し合うこと。そのつながりの一つひとつが、全体的な計画と長期の指導計画との橋渡しになるのです。そして長期の指導計画にある程度のめどが立てば、短期の指導計画も具体的に見えてきます。

「長い目での見直し」は、日々の保育の小さな見直しの積み重ねが、組み合わさって成り立つものです。例えば、7月から8月にかけて行なう水遊びで、ある活動がすごく楽しかったとします。すると、ついつい同じことを繰り返してしまい、2か月があっという間に過ぎてしまう。そうならないように、今週は前の週と少しやり方を変えてみようと工夫します。それを翌日も翌週も繰り返し、小さなバージョンアップを重ねていきます。そして2歳から3歳、3歳から4歳という大きなバージョンアップにつなげるのです。こうした「小さな見直し」を積み重ねたうえでの「長い目での見直し」が大事なのではないでしょうか。

3章

更に理解を深める！キーワード

きめ細やかに記されるようになった乳児保育の捉え方や、職員の資質向上のためのキャリアパスなど、まだある改訂（定）のキーワードについて解説します。

P.56 ❶ 乳児保育

P.58 ❷ 職員の資質向上

P.60 ❸ 養護と教育の一体的な展開

P.61 ❹ 子育て（の）支援

P.62 ❺ 健康及び安全
子どもの安全管理と災害への備え

P.63 ❻ 認定こども園特有の配慮事項

更に理解を深める！ キーワード ❶

乳児保育

待機児童問題などからその重要性がますます高まっている乳児保育。
今回の改訂(定)で、よりきめ細やかな記述がされている点に注目しましょう。

❀ 乳児期（1歳未満児）の保育について

原文

■保育所保育指針（第2章　1（1）イ）
　本項においては、この時期の発達の特徴を踏まえ、乳児保育の「ねらい」及び「内容」については、身体的発達に関する視点「健やかに伸び伸びと育つ」、社会的発達に関する視点「身近な人と気持ちが通じ合う」及び精神的発達に関する視点「身近なものと関わり感性が育つ」としてまとめ、示している。

■幼保連携型認定こども園教育・保育要領（第2章　第1－2）
　本項においては、この時期の発達の特徴を踏まえ、乳児期の園児の保育のねらい及び内容については、身体的発達に関する視点「健やかに伸び伸びと育つ」、社会的発達に関する視点「身近な人と気持ちが通じ合う」及び精神的発達に関する視点「身近なものと関わり感性が育つ」としてまとめ、示している。

❀ 乳児保育のねらい・内容が満1歳以上とは別に示されました

　指針では、乳児とは満1歳の誕生日までを指しています。0歳代は途中入園が多く、しかも年度途中で満1歳を過ぎると、発達的にかなり違っているために、満1歳以上とは「ねらい・内容」が別に示されました。乳児保育は、右図のような3つの視点で進めます。この段階では、自らの心身への関わりが発達の中心です。人との関わりは保育所などでは家庭を離れ、乳児を受け持つ保育者との安定した信頼関係からです。物との関わりは、様々な物と出会う中で乳児が感じ、考えるところを支えます。次のページで、それぞれの視点について詳しく見ていきましょう。

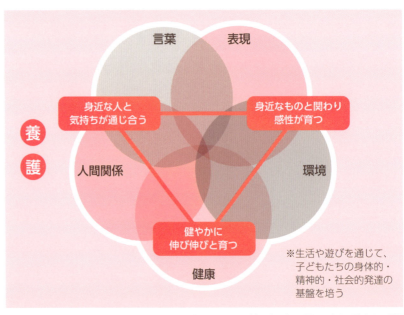

※生活や遊びを通じて、子どもたちの身体的・精神的・社会的発達の基盤を培う

厚生労働省「保育所保育指針の改定に関する議論のとりまとめ」（平成28年12月21日）より改変して引用

❁ 乳児保育の3つの視点

①健やかに伸び伸びと育つ

　乳児が体を使うことは心の育ちと一体です。手を伸ばし物をつかむ中で手や指の発達が促されます。例えば、食べ物をスプーンですくって食べようとすることで健全な成長が芽生えます。

②身近な人と気持ちが通じ合う

　保育者が乳児をありのままに受け入れ、乳児の送る視線、身振りや発声にうなずき、ほほえむという応答が乳児の心に安定をもたらし、周囲への探索へと導きます。

③身近なものと関わり感性が育つ

　保育者が乳児に音が鳴る玩具や積み木を渡すと、乳児はそれを振り回したり、なめたりします。どうすれば音が鳴るかな？　と、身近な物と関わることで様々な感性が育ちます。

❁ 5領域を見越して乳児の保育を進めましょう

　乳児保育の3つの視点の心身への関わりは運動することや健康を維持することへと広がります。人間関係は信頼できる相手との関係から他の大人、更に同年代・異年齢の子どもへ展開します。物への関わりは周りの環境にある動植物や自然物や遊具、その他に働き掛けるようになります。1歳代になると、言葉が出てきて、見立てなど表現活動が盛んになります。それは乳児期の人間関係や物との関わりが発展した結果であり、5つの領域につながります。

子どもの気持ちの安定が関心を外へ広げる

　子どもの気持ちが安定するのは保育者が子どもを受容し、子どものするちょっとしたことにも応答的に関わることからです。子どもの関心は身の回りから園庭、戸外へと広がるので、園庭や戸外に出る機会を増やし、そこでの探索活動を可能な限り認めていきましょう。

更に理解を深める！キーワード❷

職員の資質向上

幼児教育の専門職として誇りをもって保育をするために、保育者の資質の向上は重要な課題です。
要領・指針ではどのような内容が求められているのでしょうか。

❀ 保育の質の向上のために

■保育所保育指針（第5章　1（2））
　保育所においては、保育の内容等に関する自己評価等を通じて把握した、保育の質の向上に向けた課題に組織的に対応するため、（中略）各職員が必要な知識及び技能を身につけられるよう努めなければならない。

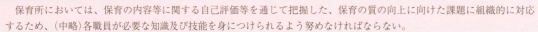

　保育所・認定こども園・幼稚園に勤める保育者は資質の向上に絶えず努めます。既に養成段階で学んでいますが、更に保育者は学び続けなければなりません。日々の保育現場に研修で学んだことを生かすことに加え、自らの保育そのものを見直すことが質の向上の要です。同僚と話し合う機会をもちながら、保育・教育を豊かにしていきましょう。学ぶこと・振り返ることを通して力量を高めます。

❀ 職場における研修と外部研修の活用

■保育所保育指針（第5章　3）
　（1）職場における研修　（前略）保育の質の向上を図っていくためには、日常的に職員同士が主体的に学び合う姿勢と環境が重要であり、職場内での研修の充実が図られなければならない。
　（2）外部研修の活用　（前略）職場内での研修に加え、関係機関等による研修の活用が有効であることから、必要に応じて、こうした外部研修への参加機会が確保されるよう努めなければならない。

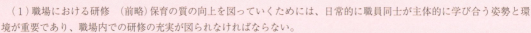

　保育は園としての組織の営みであり、その理念と方針の下で実施しますが、それは個々を縛るのではなく、保育者の発想を生かし、元気づけ、一緒になって保育を良くするためにあります。一緒に要領・指針を勉強する。僅かな時間でも保育を見合って、良いところや改善できるところを言い合う。時間を工夫してつくり、外部研修に出て学ぶ。それを園に戻し、学び合いの場に生かす。これらを園の保育の改善と向上のヒントとしていきます。

❁ キャリアパスを見据えた研修計画

原文 ■保育所保育指針（第5章 4（1））
保育所においては、当該保育所における保育の課題や各職員のキャリアパス等も見据えて、初任者から管理職員までの職位や職務内容等を踏まえた体系的な研修計画を作成しなければならない。

保育者のキャリアとは、初任、中堅、リーダー層、管理職などと進んでいきます。キャリアパスとは、どのくらいの経験や能力があればどの立場に就けるのかを明確にした、キャリアアップの道筋のことを言い、そうした道筋を見据えた研修計画の作成が求められています。特に乳児や幼児の発達の変化は大きいうえに子どもの個性も多様です。学ぶべきことはたくさんありますが、それらを結び付けて、現場の保育に生かすところに保育者の専門性の発達が成り立ちます。学ぶことは楽しい、それを保育に生かすことはもっと楽しい、とやりがいが感じられるようになると保育は幸せな仕事になります。

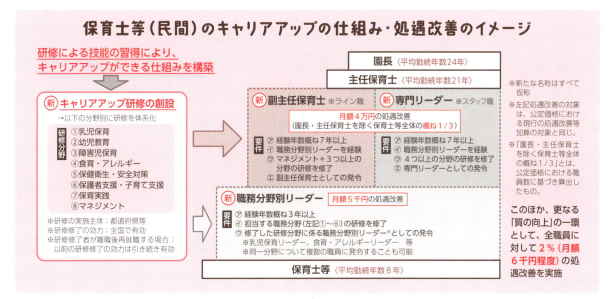

＊厚生労働省「保育士のキャリアアップの仕組みの構築と処遇改善について」（平成29年2月24日）より改変して引用

学び続ける保育者となろう

専門家は学び続けることによって専門家であるのです。養成時に学んだことが土台となり、それぞれのキャリアで学びを重ねることで質の高い実践に結び付きます。園の内・外の研修と何より実践そのものを見直し、保育を改善しましょう。

更に理解を深める！キーワード❸
養護と教育の一体的な展開

今回の改訂(定)でより重要度が増しているともいえる「養護」について考えてみましょう。

原文
■保育所保育指針（第1章　2（1））
　保育における養護とは、子どもの生命の保持及び情緒の安定を図るために保育士等が行う援助や関わりであり、保育所における保育は、養護及び教育を一体的に行うことをその特性とするものである。保育所における保育全体を通じて、養護に関するねらい及び内容を踏まえた保育が展開されなければならない。
■幼保連携型認定こども園教育・保育要領（第1章　第3−5）
　生命の保持や情緒の安定を図るなど養護の行き届いた環境の下、幼保連携型認定こども園における教育及び保育を展開すること。

❀ 保育における「養護」の重要性

　子どもの命を預かることが保育の仕事です。それはまず健康に過ごすという意味で生命の保持が核となりますが、それを超えて、子どもの心身の輝きを引き出し、支えることです。保育者は子どもの環境を整え、受容し応答的に関わることを通して、生命の保持を情緒の安定へと向けていきます。そこから、子どもの自己肯定感と有能感が生まれ、子どもが周りの世界を探索することにつながります。

❀「養護及び教育を一体的に」とは？

　保育者による養護の営みを通して子どもの心が落ち着き、安心してその場にいられ、関心が外に向かうようになります。学びとはそうした様々な物への好奇心が探索活動に結び付き、物事の特徴への気付きが生まれます。それにより子どもはいろいろなことをやろうとし、できるようになっていくのです。教育とはその機会を用意することであり、養護という土台のうえに成り立つのです。

ここを押さえよう！

危険がないようにするところから主体的な活動へ

　養護とはまず子どもに危険がないようにしていく配慮ですが、それにとどまらず、子どもが安心してその場にいることから、主体的に周りの様々な物に関わり、自信をもって活動できるようにする援助です。危険を排除するだけでなく、子どもに任せられるところを保育者が支えながら自立へと導いていきます。

更に理解を深める！キーワード ❹

子育て(の)支援

地域の子育てを支える保育施設としての役割を、要領・指針の内容から考えてみましょう。

原文
■幼稚園教育要領(第3章　2)
（前略）幼稚園と家庭が一体となって幼児と関わる取組を進め、地域における幼児期の教育のセンターとしての役割を果たすよう努めるものとする。（後略）

■保育所保育指針(第4章)　■幼保連携型認定こども園教育・保育要領(第4章)
（前略）子どもの育ちを家庭と連携して支援していくとともに、保護者及び地域が有する子育てを自ら実践する力の向上に資するよう、次の事項に留意するものとする。

❀「保護者支援」から「子育て(の)支援」へ

　子育て支援は園の保護者への支援と地域の保護者への支援とが含まれます。乳幼児期の育ちは園と家庭とのつながりの中で可能になります。保育者の専門性は、それが家庭での子育てと違いがあるにしても、家庭とのつながりがあってこそ、子どもへの関わりが豊かになるのです。保育者は子どもへの愛情を共にし、子育てする保護者へ共感しながら、園としてできる支援を広げます。

❀現場で求められる支援とは？

　現場での子育て支援で重視するべき点は、保護者と共に子どもの育ちを喜び合うことです。保護者から子育てについて悩みや困っていることなど相談があれば、まずは保護者の養育を否定するのではなく、良い点を励ますような支援を心掛けましょう。また、「こんなことができるようになった」など園での子どもの育ちを知らせつつ、子どもの伸びる可能性に気が付くような言葉を掛けることも大切です。

保護者との信頼関係と共感を元にして

　子育て支援は園の子どもの保護者でも地域の子どもの保護者でも、小さな子どもを大切に思い、子どもの良さを一緒に感じ、共に育てようとしてなされるものです。上からの指導ではないのです。保護者の子育ての願いへの共感から、園でできる支援活動を工夫します。そのために、家庭や地域での実情を知ることにも努めましょう。

更に理解を深める！キーワード❺

健康及び安全
子どもの安全管理と災害への備え

ここでは、今回の改訂(定)で新たに示された内容について見ていきましょう。

🌸 主体的な活動を大切にした安全管理を

原文
■幼稚園教育要領(第1章　第3-4(3))
　(前略)幼児の主体的な活動を大切にしつつ、園庭や園舎などの環境の配慮や指導の工夫を行うこと。
■保育所保育指針(第3章　3(2)イ)　■幼保連携型認定こども園教育・保育要領(第3章　第3-2(2))
　事故防止の取組を行う際には、(中略)子ども(園児)の主体的な活動を大切にしつつ、施設内外の環境の配慮や指導の工夫を行うなど、必要な対策を講じること。

　子どもの安全への配慮は基本中の基本です。しかし、不幸な事故が睡眠、食事、水遊びの場面などで起こります。そのポイントは明確になっています。それらを学び、きちんと細部まで守ることが必要です。しかし、それを過剰に取り入れ、子どもの活動を抑制し、子どもの行動を押しとどめれば良いのではありません。主体的な活動と成長を育みながら、安全に配慮することが求められます。

🌸 より求められる災害への備え

　日本は、地震や火事、その他の災害がいつ起こるか分からない地域です。その認識の下、常に備えが必要です。職員の意識だけではなく、職員と子どもたち、そして保護者を含めて、実際に日頃から何度も避難訓練をして、いざというときにさっと行動できるようにすることです。計画と練習と点検が肝心です。

日頃から備えを徹底しよう

　食でのアレルギー対応でも睡眠時の監督でもまた災害への備えでも、やるべきことははっきりとしています。ただ、何も起こらないと細かなところでおざなりにしやすいことでもあります。マニュアルを見直し、特に職員全員で徹底しましょう。

更に理解を深める！キーワード ❻
認定こども園特有の配慮事項

様々な環境の子どもが集まる認定こども園ならではの配慮について、要領の記述と共に確認しましょう。

❀ 3歳児の入園・進級が重なるタイミングでの配慮

■幼保連携型認定こども園教育・保育要領（第1章　第3-1）
　（前略）満3歳以上については入園する園児が多いことや同一学年の園児で編制される学級の中で生活することなどを踏まえ、家庭や他の保育施設等との連携や引継ぎを円滑に行うとともに、環境の工夫をすること。

　認定こども園では特に3歳児クラスでの多様性が顕著です。2歳児クラスから進級する子ども、3歳途中から入園する子ども、満3歳入園の子ども、親子登園や預かり保育、小規模保育などの子どもたちがいることでしょう。一人ひとりそれまでの経験が異なるので、その様子を聞き取り、また様子を見ながら、個別の関わりとクラスとしての関わりを重ねて、徐々にクラスに溶け込ませていきましょう。

❀ 長期的休業による多様性に配慮

■幼保連携型認定こども園教育・保育要領（第1章　第3-3（4））
　満3歳以上の園児については、特に長期的な休業中、園児が過ごす家庭や園などの生活の場が異なることを踏まえ、それぞれの多様な生活経験が長期的な休業などの終了後等の園生活に生かされるよう工夫をすること。

　1号認定の子どもは夏休みなど長期休暇を取る場合が多く、2号認定の子どもはほぼ毎日園に通います。預かり保育で時々園に来る子どももいます。子どもによって夏休み中の体験がかなり違っています。園に通っている子どもの体験を広げましょう。また休み明けには体験の違いから、園での子どもの活動の程度や種類にかなりの違いがあるかもしれません。子どもたちの様子を聞き取りながら、個別、グループ、クラスなどの活動を組み合わせましょう。

地域のどの子どもも受け入れ、共に過ごす場

　認定こども園はどの子どもにも対応して、家庭のニーズを満たしつつ、地域の子どもとして共に育つことを実現します。子育ての支援を義務付けているのもそのためです。様々な家庭、いろいろな個性など多様性を大事にしながら、地域と家庭をつないでいきます。

著者　無藤　隆（むとう　たかし）

白梅学園大学大学院　特任教授・子ども学研究所長

　東京大学教育学部教育心理学科卒業。聖心女子大学文学部講師、お茶の水女子大学生活科学部教授、白梅学園短期大学学長、白梅学園大学大学院子ども学研究科長を経て、現職。

　平成29年告示に際しては、文部科学省中央教育審議会委員・初等中等教育分科会教育課程部会会長として『幼稚園教育要領』の改訂に携わる。また、幼保連携型認定こども園教育・保育要領の改訂に関する検討会座長として『幼保連携型認定こども園教育・保育要領』の改訂に携わる。

※本書は、『月刊 保育とカリキュラム』2015〜2017年度掲載の『おしえて！ 無藤先生！』、『これからの保育・幼児教育』に加筆・修正し、書き下ろしを含め、まとめたものです。

STAFF
● 本文イラスト／たかぎ＊のぶこ・にしださとこ・
　　　　　　　　Meriko・森のくじら・
　　　　　　　　やまざきかおり
● 本文デザイン・校正／（株）どりむ社
● 企画・編集協力／pocal（本城芳恵・和田啓子）
● 企画・編集／松尾実可子・安部鷹彦

本書のコピー、スキャン、デジタル化等の無断複製は著作権法上での例外を除き禁じられています。本書を代行業者等の第三者に依頼してスキャンやデジタル化することは、たとえ個人や家庭内の利用であっても著作権法上認められておりません。

保カリBOOKS⑤

幼稚園教育要領・保育所保育指針・
幼保連携型認定こども園教育・保育要領

3法令 すぐわかる すぐできる おたすけガイド

2018年4月　　初版発行
2019年7月　　第4版発行

著　者　無藤 隆
発行人　岡本 功
発行所　ひかりのくに株式会社
　〒543-0001　大阪市天王寺区上本町3-2-14
　TEL06-6768-1155　郵便振替00920-2-118855
　〒175-0082　東京都板橋区高島平6-1-1
　TEL03-3979-3112　郵便振替00150-0-30666
　ホームページアドレス　http://www.hikarinokuni.co.jp
印刷所　大日本印刷株式会社

ⒸTakashi Muto 2018　　　　　　　Printed in Japan
乱丁、落丁はお取り替えいたします。　ISBN978-4-564-60909-1
　　　　　　　　　　　　　　　　　NDC376　64P　26×21cm